춤 문화로 본 태국

춤 문화로 본 태국

서정록 지음

보고사

2014년 봄, 처음으로 태국에 있는 학교로 부임했을 때, 태국 관광청의 슬로건인 "The Land of Smile"이란 말이 참말임을 실감할 수 있었다. 정말 태국 사람들의 미소에 감동했다. 지구상에 태국 사람처럼 잘 웃는 사람도 없을 것이다. 타인에게 솔직함을 넘어서 종종 무례하기까지 한 한국 사람과 비교해 보면, 태국 사람들은 그 어떠한 상황에서도 일단 웃는다. 이제 이곳 생활이 겨우 2년을 조금 넘어 일반화하기에는 무리가 있는 것이 사실이지만, 그래도 지금까지 경험에서 성을 내거나 눈을 부라리는 태국인을 본 적이 없다. 그러나, 곧 이러한 미소가 항상 좋은 것만은 아니라는 사실을 깨닫는 데는 그리 오랜 시간이 걸리지 않았다.

한 가지 간단한 개인적 경험을 예로 들자면, 처음 이곳에서 거주비자 신청을 위해 재직하고 있는 학교에 서류를 부탁하였는데, 한국에서는 1시간이면 될 것을 이곳에서는 무려 2달 반이 걸렸다. 당연히 성질 급한 한국인답게 매일 찾아가서 서류가 준비되었는지 문의하였지만, 돌아온 대답은 언제나 공손하게 "곧 됩니다"였다. 그것도 항상 아주 상냥한 미소와 함께…

유사한 일들을 자주 겪게 되면서 이제는 그 상냥한 미소에 아주

환장을 한다. 이런 경험들은 일단 문화적인 차이에서 기인한 것 같다. 이곳의 느긋한 일 처리와 한국의 "빨리빨리" 문화는 시간관념에서 확실히 차이가 있다. 이러한 시간관념의 차이는, 태국만큼은 아니지만, 이전에 거주하였던 영국에서도 다른 방식으로 발견할 수 있었는데, 영국에 있을 때도 그곳 행정이나 일 처리에서도 "빨리빨리"에 익숙한 한국인답게 제법 답답함을 느꼈었다. 그리고 영국의 늦은 일 처리의 근원에는 상당수는 영국 문화 속에 녹아있는 잦은 회의(會議)와 토론 문화가 자리 잡고 있기 때문임을 알게 되었다. 이러한 토론 문화는 의사결정에 있어 합리적이고 가능한 모두의 의견이 수렴되는 대신에 그 절차는 확실히 느릴 수밖에 없다. 그런데 늦은 일 처리에 대한 항의에 대응하는 자세에 있어, 영국인과 태국인은 사뭇 다르다. 영국인들은 대부분 나름 논리적이지만 자신도 타당한 이유가 있다고 믿기에 매우 단호하지만, 태국 사람들은 뚜렷한 설명도 없고 그저 상냥한 미소만 있다. 아무튼, 한국인들이 급하긴 굉장히 급한 모양이다.

　이런 일들을 몇 차례 겪으며 태국의 문화를 이해해 볼 요량으로 나름 상대방의 입장이 되어 생각해 보기 시작하였다. 분명 이런 일 가운데 상대방도 계속 미소를 짓고 있다는 것이 사실 보통 일은 아닐 것이다. 결국 동료 태국인 교수에는 어떻게 이런 일이 가능한지 농담 삼아 물어보았는데, 태국에서 화나 짜증을 내는 것은 상당히 무례한 경우로 어떤 경우에도 일단 미소를 짓는 것을 미덕으로 삼고 또 이는 지혜로운 행동이라고 한다는 이야기를 들었다. 그렇지만 혹 무례할지라도 정당하다면 자신 뜻을 밝히는 것이 정신건강에는 더 도움이 될 터인데, 아무 저항이나 자기의 뜻을 밝히는 대신 미소로만 일관하는 태도는 솔직히 자학적으로 보인다.

그런데 이런 식의 사고방식은 2007년도에 3개월의 짧은 기간 동안 일본에 연구차 있을 때 일본 사회에서 느낀 것과 유사하다는 생각이 머리를 스쳤다. 주지하듯이 세상에서 일본사람들처럼 친절한 사람들도 없다. 그렇지만 그것은 사실 '혼내'(本音, 속마음)를 감추고 '다테마에'(建前, 겉치레 말)로 일관하는 것인 경우가 많기 때문이라는 것은 이미 잘 알려져 사실이다. 그러니까 한국인들의 관점에서 일본인들의 말을 곧이곧대로 들었다간 낭패하기 일쑤다. 물론 일본인은 이러한 '다테마에(建前, 겉치레 말)'를 상대방에 대한 배려와 예절이라 하지만…

이쯤 되자 태국의 문화를 이해해 보려는 시도가 태국의 일본과의 비교로 이어지게 되었다. 그리고 보니 태국이 동남아시아 국가 중 일본과 제법 유사한 점이 많다. 아시아 국가들 가운데 유일하게 일본과 태국만이 식민지 지배를 겪은 경험이 없다는 점이 우선 찾아볼 수 있는 공통점이다. 그리고 이에 대한 양국의 자부심도 대단하다. 외국 저명한 동남아 역사가들의 연구를 통해 태국인과 그들의 역사와 문화에 대한 의견들을 살펴보면, 여기서도 재미난 사실을 알 수 있었다. 영국의 동남아시아 역사가인 D. G. E. Hall의 경우, 태국 사람들을 평하면서, "놀라운 동화자(remarkable assimilators)"라는 표현을 하였다. 이는 필요하다고 생각하면 새로운 문화를 재빠르게 받아들이고 또 변화하는 정세에 기민하고 유연하게 적응하는 모습을 가리키는 것이다. 이러한 점은 일본 문화의 특징을 한마디로 표현한 말 "좋은 것은 기꺼이 취한다(良いとこ取り)"와 참 닮았다.

또 다른 동남아시아 역사가인 John F. Cady 역시 그의 책 *Southeast Asia: Its Historical Development*에서 태국인들을 "창조자라기보다는 훌륭한 차용자(better borrowers than creators)"라 평한 바 있다. 즉 그의 연구에 의하면, 태국 문화에 근간이 되는 것 중 태국 고유의 것 혹은 태국에서 유래한 것은 거의 없다고 해도 과언이 아니라는 것이다. 이 사실은 태국 사람들의 자국 문화에 대한 대단한 자부심과 아름다운 휴양지 이외에도 무진장 볼거리가 넘쳐나는 관광의 대국으로 소문난 이 나라에 도무지 어울리지 않는 것처럼 보인다.

그의 연구에 의하면, 오히려 태국의 문화는 이웃 국가인 캄보디아에서 국가의 기본이 되는 예술, 정치, 행정, 법 그리고 문자를 가져왔고, 현재 태국의 근본 사상이라 할 수 있는 소승불교의 경우 버마(미얀마)에서 전해졌다. 이러한 점은 일본의 근간을 이루는 전통문화 대부분을 한국에서 전수하였다는 점에서 크게 다르지 않다. 이러한 관점에서 볼 때, 자신에게 유익하고 필요하다고 판단되는 것은 부끄러워하거나 주저하지 않고 베끼고 배워 자신의 것으로 만든다는 이른바 '습합(褶合) 문화'가 일본과 태국의 문화를 설명하는 키워드라 볼 수 있겠다.

태국에 2년 남짓 거주하게 되면서 이 사회에 대해 이제 수박 겉핥기로 겨우 알게 된 것은 우선 대체로 태국은 그 역사에서도 알 수 있듯이 다른 문화에 대한 수용의 폭이 큰 사회라는 사실이다. 이 같은 이유 중 하나는 무엇보다도 종교적인 측면에서 바로 찾아볼 수 있는 것 같다. 태국의 상좌부 불교는 대승불교와는 달리 개인의 자유를 중시하고, 남과의 갈등을 피할 것을 가르치며 상대주의를 강조한다.

상좌부 불교의 가치관은 탐분(tham bun, 공덕 쌓기라는 뜻)과 남짜이(Nam jai, 마음의 물이라는 뜻)로 드러난다. 이는 아마도 태국 사회를 이해하는 핵심적인 개념이라 할 수 있을 것이다.

탐분의 경우, 불교 사회인 태국에서 태국인들은 불교의 교리에 따른 선업선과(善業善果), 악업악과(惡業惡果)의 법칙을 믿고 있다. 그러므로 선업을 쌓는 것이 매우 중요한데, 이러한 선업에는 승려나 사원에 시주하거나 봉사활동하는 것과 시주를 하거나 방생은 물론 불우이웃에 대한 선행도 이에 포함된다. 즉 태국인들은 휴일에 사원에서 시주하거나 보육원 등에서 봉사활동을 하고 강이나 바다를 찾아가 방생을 하는 것을 매우 중요하게 여긴다. 낯선 사람에게 사소한 친절을 베풀거나, 웃으며 길을 안내해주는 것이나 심지어 거리를 배회하는 개와 고양이에게 밥을 주는 것도 이러한 공덕을 쌓은 범주에 들어간다. 이러한 행위들은 외국인들에게 전체적으로 태국인들은 선하고 친절하다는 인식을 하게 만든 이유 중의 하나가 되는 것 같다. 한편 남짜이는 한국의 정(情)과 유사한 점이 많다. 즉 인정이 많음을 나타내는 말인데, 이는 불교의 가르침인 자비로움과도 일맥 하는 부분이 있는 것으로 해석해 볼 수 있다.

이러한 불교의 사상은 태국에서 자주 쓰는 "마이뻰라이(괜찮다)", "짜이옌(차분하다)", 그리고 "끄렝짜이(염려의 마음)" 같은 말들에서도 나타나다. "마이뻰라이(괜찮다)"는 태국인들이 불행한 일을 당했을 때 체념이 빠른 것을 보여준다. 이러한 태도는 불교의 업의 이해를 통해 알 수 있는데 즉 현세의 불행이 모두 과거 악업의 결과라는 믿음 때문이다. "짜이옌(진정해라)"의 경우는 어떤 일에 성내지 않으며 자신의 감정을 억제함을 뜻한다. 냉정함을 갖고 불행한 일은 가급적 피하며 각 상황에서 가능한 즐거운 것을 취하려 노력한다. 따라서 태국인은 갈등이 되고, 심각하거나 긴장되는 것을 피하려 한다. "끄렝짜이(염려의 마음)"는 다른 사람에게 피해를 주지 않으려는 행위로 악업을 피하는 것에서 비롯되었다. 그러므로 다른 사람을 '직접적으로' 비난하는 것을 극력 싫어하는 것이다. 또한 외적인 분노의 표시도 무지하고 미성숙한 일로 인식하고 있다. 이러한 태도는 일본의 메이와쿠(迷惑, 폐)의 기피 즉 다른 사람에게 폐를 끼치는 것을 기피하는 것과 유사해 보인다. 아무튼 이러한 개념들을 어렴풋이 알게 되자, 태국에서 벌어지는 여러 가지 일들에 대해 그나마 조금은 이해가 되기 시작하였다.

한편으로 태국은 동남아시아에서 유일하게 독립을 유지한 나라로 서양에 비교적 다른 동남아시아국가들에 비해 여러 가지로 자신들의 문화가 잘 소개된 편이다. 이러한 이유로 동남아시아의 문화 전체의 문화가 태국만의 고유한 문화로 둔갑하여 외부에 소개된 경우도 많이 있다. 이러한 예 중 하나는 바로 이 지역의 유명한 무술인 '무에타이(Muay thai)'이다. 그러나 태국과 이웃하고 있는 다른 국가들은 각각 이러한 영태의 무술이 자기 나라가 원류이며 태국에는 후대에 전래하였다고 주장하고 있다. 예를 들면, 말레이시아에서는 토모이(Tomoi), 버마의 렛웨이(LethWei), 라오스의 무에 라오(Muay Lao), 캄보디아의 프라달 세레이(Pradal Serey)가 이러한 형태의 무술을 말하는 각 나라의 명칭이다. 본래 이 무술은 인도가 기원이다. 인도의 맨손 격투술인 무스띠 유다(Musti-yuddha)가 바로 그것인데, 무스띠(Musti)는 주먹, 유다(Yuddha)는 싸움을 뜻하는 것으로 해석하면 주먹 싸움 즉 권투라고 할 수 있다. 이 무술이 언제 동남아시아 전래하였는지는 확실하지 않지만 확실한 사실은 이러한 종류의 무술이 태국 이외 다른 지역에도 보인다는 점이다. 그러나, 대부분의 외부인들은 이 무술이 태국 고유의 무술로만 이해하고 있으며 태국 역시 이점을 여러 곳에서 강조하는 편이다.

이러한 일은 비단 동남아시아에만 있겠는가? 이러한 것은 마치 일본의 여러 전통문화와 사상이 고유의 일본 것으로만 세상에 소개된 것과 많이 닮았다. 대표적인 예로 미국의 저명한 인류학자인 루스 베네딕트가 쓴 *The Chrysanthemum and the Sword: Patterns of Japanese Culture*의 경우가 바로 대표적인 예일 것이다. 사실 이 책을 같은 동아시아인의 입장에서 읽어 본다면 이해하기 힘든 부분을 많이 볼 수 있다. 이 책에서 일본 고유의 가치라고 말하는 인정, 의리, 수치와 같은 문화, 혹은 체면을 중시하는 문화 같은 것은 사실 한국과 중국 등에서도 흔히 볼 수 있는 특성이라 볼 수 있으나, 이 책에서는 모두 일본의 특색이라 이야기 한다. 그러므로, 우리는 어떠한 문화를 들여다 볼 때 좀 더 자세히 알아 볼 필요가 있다. 우리가 무심결에 혹은 도매금으로 넘겨버리는 것 중 저들에게는 오랜 세월 소중히 지켜온 그 무엇인가 일 수 있기 때문이다.

이 책은 춤과 문화를 통해 태국을 중심으로 동남아시아의 역사와 사회를 알아보기 위해 쓰인 것이다. 이 책은 먼저 배경이 되는 태국의 역사에 대해 간략하게 알아보고, 태국 왕실의 가면무인 콘을 중심으로 태국의 정치와 사회를 이해해 보고자 했다. 다음으로 태국을 비롯한 동남아시아에서 중요한 위치를 차지하고 있는 화인(華人) 사회의 변화를 춤 연구를 통해 알아보았다. 이어서 동남아시아와 중국 남부에 분포하고 있는 소수민족 중 몽족(묘족) 대한 현장조사에 대한 간략한 보고서를 통해 이들에 대한 한국의 입장에서의 연구를 고려해 보았다. 마지막으로 최근 여러 가지로 이슈가 되고 있는 중국의 유네스코에서의 주변국과의 갈등에 대해 논하여 보았다.

연구자가 이제 막 연구를 시작한 분야이다 보니 아직 내용상 여러 가지 미숙한 점이 많이 있다. 앞으로 부족한 부분은 앞으로의 연구를 통해 메워나가도록 하겠다.

춤 문화로 본
태국

제1장
개괄적인 태국의 역사

동남아시아 국가 중 하나인 태국은 인도차이나 반도의 중심에 있는 나라로 미얀마와 라오스, 캄보디아와 말레이시아 등과 이웃하고 있다. 지형적으로 태국은 514,000Km^{2}의 면적으로 남북으로 길게 뻗은 형태인데, 남북 간의 길이는 1,600Km에 달한다. 열대몬순 지역에 속하는 태국은 그 중심부의 경우 비옥한 차오프라야 강을 중심으로 넓은 평야가 펼쳐져 있고, 북부 지방은 높은 산들과 정글들이 있으며, 북동부 지역은 고원지대, 그리고 남부지역은 아름다운 해변과 휴양지로 유명한 섬들이 전 세계의 관광객들을 유혹한다. 이러한 이유로 태국은 관광 세계 1위를 여러 해 달성하였다.

태국은 풍요로운 자연환경을 갖추고 있다. 12세기 말경에 제작된 것으로 알려진 람캄행 대왕의 비문에는 이러한 태국의 풍요로운 환경에 대한 묘사를 다음과 같이 하고 있다. "강에는 물고기가 있고 논에는 쌀이 있다. 땅의 영주들은 여행자에게 세금을 징수하지 않았다. 말을 팔고자 하는 자는 말을 팔았으며, 코끼리를 팔고자 하는 자는

THAILAND

Administrative Divisions

HANOI ★

BURMA

° Nay Pyi Taw
(administrative
capital)

LAOS

VIETNAM

Chiang
Rai

Mae
Hong
Son

Chiang
Mai

Phayao

Nan

Lamphun

Lampang Phrae

VIENTIANE Bueng
Kan

RANGOON ★

Uttaradit

Nong Nong
Bua Khai

Nakhon
Phanom

Loei Lamphu Udon Sakon
Thani Nakhon

Tak Sukhothai Phitsanulok

Phetchabun Khon Kalasin Mukdahan
Kaen

Kamphaeng Phichit
Phet

Chaiyaphum Maha Roi Amnat
Sarakham Et Charoen

Yasothon

Uthai Thani Nakhon
Sawan

Nakhon
Ratchasima

Ubon
Ratchathani

2 13
Lop
Buri

Buriram Surin Si Sa
Ket

Suphan
Buri Sara Buri

1

Kanchanaburi

4 9

5 6 Sa Kaeo

Ratchaburi 11 3 10 BANGKOK
Chachoengsao

12 Chon
Buri

Phetchaburi Rayong Chanthaburi

CAMBODIA

Trat

PHNOM
★ PENH

Prachuap
Khiri Khan

Chumphon

VIETNAM

Ranong

Surat
Thani

Phangnga

Nakhon Si
Thammarat

Krabi

Phuket Phatthalung

Trang Songkhla

Pattani

Satun Yala Narathiwat

INDONESIA

MALAYSIA

1. Ang Thong
2. Chai Nat
3. Krung Thep
   Mahanakhon
   (Bangkok)
4. Nakhon Nayok
5. Nakhon Pathom
6. Nonthaburi
7. Pathum Thani
8. Phra Nakhon
   Si Ayutthaya
9. Prachin Buri
10. Samut Prakan
11. Samut Sakhon
12. Samut Songkhram
13. Sing Buri

International boundary
Province (changwat) boundary
★ National capital
⊚ Province (changwat) capital

Thailand has 76 provinces (changwat)
and one municipality (Bangkok).

Provinces have the same name as their capitals.

0   50   100 Kilometers
0   50   100 Miles

Scale 1:7,800,000

태국 지도

코끼리를 팔았다. 은과 금을 팔고
자 하는 자는 은과 금을 팔았다."
실제로 태국은 오늘날에도 세계
제1위의 쌀 수출국이자 고무, 새
우, 각종 열대 과일 등 다양한 농
산물들이 세계 제1위 내지는 상위
권을 차지하며 주요한 수출 품목
으로 자리 잡고 있다. 지정학적으
로 중국과 인도 사이에 위치하여
양쪽으로부터 받은 영향과 함께
이러한 다양하고 풍부한 식 재료
를 바탕으로 한 태국의 음식 문화
는 세계적으로도 유명하다.

람캄행 대왕 비문

인구는 2015년 기준으로 대략 6천 7백만 명 정도이나, 대부분의
동남아시아 국가가 그러하듯이 매우 다양한 인종으로 구성되어 있다.
대략 살펴보면, 국민의 대다수를 차지하는 타이족(81.5%)과 함께, 중국
계(13.1%) 말레이족(2.9%) 그리고 몬족, 인도계가 있으며 이와 더불어
다양한 고산족과 소수민족들이 태국을 구성하고 있다. 또 한편, 잘
알려져 있듯이 태국은 대표적인 불교국가 중 하나인데, 그중에서도
특히 상좌부 불교(Theravada Buddhism)를 국민의 대다수인 95% 정도가
믿는다. 또한 대부분 남부에 거주하는 이슬람교도가 4% 정도, 그리고
나머지 1%는 기독교와 힌두교 및 기타 종교를 가지고 있다. 공식적으
로 태국은 모든 종교에 관용적이며 특히 태국의 국왕은 종교의 자유와

화합을 강조한다고 한다.

태국의 정치제도는 1932년 있었던 쿠데타로 절대군주제의 종말을 가져오는 동시에 태국의 정치체제가 오늘의 형태인 서구식의 입헌군 주제를 도입되었다. 그러나, 일부시기를 제외하고는 군부의 쿠데타 등으로 군부에 의한 통치체제가 지속되어 왔으며, 민주화에 있어 여러 차례의 정치적 단절 덕분으로 왜곡된 정치행태를 보여 왔다. 그럼에도 불구하고, 태국에서 국왕의 위치는 절대적이라고 할 수 있다. 우선 1946년 즉위한 푸미폰(Bhumibol Adulyadej) 국왕은 태국 국민들로부터 '살아 있는 부처'로 추앙 받는 상징적인 인물이면서 동시에 정치적으로 직간접적 영향력을 행사한다. 그는 군부 쿠데타 등으로 정치적 불안이 높아질 때마다 개입하여 그의 절대적인 권위로 정국을 안정시켰다. 태국에서 국왕의 권위는 그 어떤 것도 뛰어넘을 수 없으며, 국왕은 곧 통치 이념이고 명분이자 정통성을 가르는 기준이 된다. 군부를 포함한 모든 정치권력들은 왕의 승인이 필요하며, 그래서 거의 모든 정치 세력들은 국왕의 충복임을 자청하고 있다. 태국은 동남아 국가들 중 유일하게 서구 제국주의의 침략 속에 독립을 유지한 나라로 이에 대한 자부심은 우리의 상상을 초월한다.

타이족의 시작

동남아시아 역사를 들여다보면, 태국의 주체가 되는 타이족이 역사에 등장하는 시기는 그리 오래되지 않았다. 그럼에도 불구하고 태국은 이 지역에서 꾸준히 강대국으로 자리매김하며 오늘날까지 그 존재감을 과시하고 있다. 이들 타이족이 동남아 지역으로 이주한 시기는 9세기까지 거슬러 올라가기도 하나, 본격적인 이주는 아마도 12세기에서 13세기 사이일 것으로 추정된다. 타이족의 기원에 대해서는 여러 가지 학설 즉 황하 상류설, 양쯔강 상류설, 중국 강남지방설, 토착민 설, 해양유입설 등이 있다. 그러나 현재 일반적으로 학계에서 유력한 학설로 받아들여지고 있는 것은 중국 남부 지방인 윈난(云南) 지역에 있던 타이족이 몽골의 침입을 피해 동남아시아로 집단이주하였다는 것이다. 현재도 윈난성 지역을 중심으로 중국 내에는 소수민족인 타이족이 120만 명가량이 살고 있다. 학자들 사이에 대체적으로 동의하는 것은 태국의 대다수를 차지하는 타이족은 외부에서 이주해 온 민족으로, 본래 이 지역에 있던 선주민들과는 문화적으로나 인종적으로 다르다는 점이다.

이들 타이계 민족이 동남아시아로 이동할 때, 집단으로 일시에 움직인 것이 아니고 여러 소규모 집단으로 나뉘어 정착하였던 것 같다. 예를 들어, 일부는 치앙마이(Chiang Mai)를 중심으로 란나(Lanna) 왕국이 수립되었는데 후에 란나 왕국이 쇠퇴하면서 루앙프라방(Luang Prabang)을 중심으로 한 란쌍(Lan Xang) 왕국이 세워진다. 이 란쌍 왕국은 오늘날 라오스의 기원이 되고 있다. 또 다른 타이족의 일부는 더 남하하여 차오프라야 강 유역에 정착하였는데, 이들이 오늘날의 태국을 형성하였다. 그러므로 본래 라오스의 대부분을 차지하는 라오족과 태국의 타이족은 원래 같은 민족에서 기원한 것임을 알 수 있다.

타이족들이 동남아시아에 진출할 시기에 이미 이 지역에는 다양한 인종들이 거주하고 있었기 때문에, 타이족에게 새로운 보금자리를 찾기가 쉽지 않았을 것으로 생각된다. 이 당시 현 태국의 동남부 지역은 앙코르 제국을 세운 크메르족이 있었으며, 중북부에는 현재 미얀마 남부와 태국에 분포하는 몬족들이 6세기에 세운 왕국인 드바라바티(Dvāravati)와 8세기경 또 다른 몬족일파가 세운 하리푼자야(Haripunjaya) 등이 있었고, 남부 지역은 7세기부터 중계무역 등으로 크게 발전하던 나라인 스리비자야(Srivijaya)가 있었다. 그러므로 초창기 태국의 역사는 이들 선주민과 수많은 전쟁과 갈등으로 가득 차 있었고, 타이족의 주요 관심사는 이 지역에서의 생존이었다.

타이족들이 이곳에 정착할 때, 이 지역은 막강하였던 앙코르를 수도로 한 크메르 제국(Khmer, 현재 캄보디아)의 영향권에 있었던 곳이었다. 아마도 이 당시 새롭게 집단 이주한 타이족의 여러 소규모 왕국들 상당수가 초기에 크메르 제국의 부용국(附庸國)이었을 것으로 추정된다. 이러한 추정에 대한 증거로 유명한 것은 바로 12세기 중반 크메르 제국의 왕이었던 수르야바르만 2세(Suryavarman II, 재위 1113~1150?) 때 크메르 왕국의 모습을 기록한 앙코르 와트의 부조에 보이는 타이족 병사 모습이다. 앙코르 와트를 지은 수르야바르만 2세는 크메르 왕국의 최성기를 구가한 왕으로 당시 베트남 남부에 위치한 오랫동안 강력한 왕국이었던 참파(Champa)를 공격하여 그 수도인 비자야(Vijaya, 현재의 꿰년, Qui Nhon)를 점령하기도 하였다. 앙코르 와트의 부조에 보이는 타이족 병사들은 수르야바르만 2세가 참파와 전쟁을 할 때 동원된 이들로 당시 타이족과 크메르 왕국의 관계를 엿볼 수 있다. 여기서 당시 타이족의 실상에 대해 알 수 있는 또 하나는 태국을 지칭하는

앙코르 부조에 보이는 타이 병사들

용어로 현재까지도 종종 사용되는 '시암(Siam)'이라는 단어이다. 이 단어는 원래 캄보디아 언어로는 '검은색 혹은 갈색'의 의미로 '좀도둑'이라는 뜻을 가진다. 이는 일본의 옛이름인 왜(倭)의 본래 의미인 '난장이'를 연상하게 한다.

최초의 왕조, 수코타이

타이족들은 여러 개 소규모 왕국(혹은 공국, 태국어로는 무앙)들을 건국하게 되는데 북부의 파야오(Phayao) 왕국과 남부 해안지역의 롭부

람캄행 대왕

리(Lopburi) 왕국 그리고 수코타이(Sukhothai, 1238~1378) 왕국이 그것이다. 이들 중 1238년에 건국된 수코타이 왕국이 가장 번성하게 되고 이 왕국이 후에 바로 오늘날 태국으로까지 이어지게 된다. 이 수코타이 왕국은 제3대의 왕인 람캄행(Ram Khamhaeng, 재위 1277~1298) 때 전성기를 맞이한다. 람캄행 왕은 란나 왕국, 파야오 왕국 그리고 수코타이 왕국으로 대표되는 타이족 계열의 3국이 동맹을 맺는다. 이를 바탕으로 크메르와 치열한 전쟁을 통해서 타이족의 입지를 공고히 하기 시작하였다. 이와 같은 사실은 원나라 테무르 칸 때의 관료이었던 주달관(周達觀, 1266~1346)이 1296년 8월 사신으로 앙코르에 도착하여 1년간 머물렀을 때를 기록한 『진랍풍토기(眞臘風土記)』에 크메르 왕국과 타이족의 잦은 전쟁에 관한 내용을 통해서 알 수 있다.

람캄행 왕의 치적은 단순히 외교와 전쟁에만 국한된 것이 아니다. 그는 오늘날 태국의 근본이 되는 몇몇 중요한 문화에 대한 업적이 있다. 지금까지도 가장 큰 그의 업적 중 하나로 꼽히는 것은 그가 크메르 문자를 토대로 태국 문자를 만들었다는 것이다. 이러한 그의 업적들은 1292년 왕 자신이 직접 쓴 람캄행 대왕 비문을 통해 잘 나타나 있다. 이 비문은 타이어로 기록돼 있는데, 타이어의 원형을 보여주는 현존하는 가장 오래된 타이어 자료이기도 하다. 또 이 당시에 상좌부 불교가 수코타이 왕국에 전래되어, 점차 태국의 중심 종교로 자리매김하기 시작하였다. 이러한 수코타이 왕국은 그러나 람캄행 왕 사후에 급격하게 쇠퇴하게 되었고, 이를 대신해서 1350년 건국된 같은 타이족 계열의 아유타야 왕국이 수코타이를 공격하여, 1378년에 속국으로 만들고 1438년에는 마침내 완전히 병합한다.

아유타야 왕조

아유타야(Ayutthaya) 왕조는 당시 동남아의 패자였던 크메르 왕국과 수코타이 왕조 때부터 있었던 전쟁을 이어 갔다. 13세기 때부터 크메르 왕국은 무리한 원정과 사원건설로 이미 쇠퇴하기 시작하였는데, 아유타야 군대는 1431년 6개월간의 포위 끝에 앙코르를 점령하였

크메르 제국과 앙코르와트

다. 찬란했던 크메르 왕국은 이를 계기로 급격하게 몰락하였다. 여기
서 문화사적으로 주목할 점은 아유타야 왕국이 앙코르를 점령하였을
때, 그곳에 있던 수많은 크메르 궁중의 지식인들(브라만)과 예술가들
이 납치되어 왔는데, 이들은 아유타야에 선진 제도와 세련된 문화들
을 전파하였다. 앙코르와트에서 납치되어온 관료들의 행정 경험이
아유타야의 통치제도를 정비하는 계기가 되었다. 이중에는 궁중에서
춤과 음악을 담당하던 예술가들도 다수 포함되어 있었다. 이들의 춤
과 음악은 아유타야 궁중에 소개되어, 오늘날 태국 궁중 가면무인
콘(khon)의 형성에 지대한 기여를 한다. 즉 크메르 왕국에서 온 이들
지식인과 문화인의 선진 문물의 전파는 이후 태국의 궁중 문화와 사

회에 상당한 영향을 끼치게
된다.

따웅우 왕국의 왕, 따빈슈웨티

한편, 아유타야 군대가 물
러간 이후 크메르 왕국은 앙
코르를 다시 수복할 수 있었
지만, 아유타야의 재침임의
우려 등 여러 가지 문제가 있
어 수도를 앙코르에서 훨씬
남동쪽인 프놈펜으로 옮긴
다. 이후 수도가 16세기에 로
벡, 17세기에 우동으로 바뀌
나 모두 앙코르의 남동쪽이

었다. 그리고 이 사건을 계기로 제국으로써의 크메르는 더 이상 강력
한 나라가 아니었으며, 이후 캄보디아는 크메르의 영광을 다시 회복
하지 못하였다.

이후 아유타야 왕국은 눈부신 발전을 하게 되는데, 이것은 그리
오래가질 못하였다. 그 이유는 이웃 버마(미얀마)의 침공 때문이었다.
아유타야는 버마와 수백 년에 걸쳐 총 24차례 대규모 전쟁을 치른
것으로 기록돼 있으며, 이 중 2번이나 수도가 함락당하기도 했다. 당
시 버마는 3왕조로 분열되어 있었는데, 따웅우(Taungoo) 왕조가 이들
을 모두 정복하여 버마를 통일하고, 이를 바탕으로 강력한 왕조로 성
장하기 시작하였다. 강력한 힘을 가지게 된 따웅우 왕국은 바로 이웃
국가인 아유타야 왕국을 침공하였다. 1547년 따웅우 왕국의 국왕이었

따웅우 왕국의 왕, 버인나웅

던 따빈슈웨티(Tabinshwehti)는 군사적으로 탁월하여 아유타야 왕국과의 전쟁에서 당시 아유타야의 왕이었던 마하 짜크라팟(Maha Chakkraphat)의 군대를 철저하게 격파하였고, 이 전쟁에서 왕비인 수리요타이(Sri Suriyothai)까지 사망하였다.

따빈슈웨티 왕을 이어 따웅우 왕국의 왕에 등극한 버인나웅(Bayinnaung)은 1563년 다시 아유타야를 공격하여 아유타야의 항복을 받아낸다. 아유타야는 따웅우 왕국의 속국으로 전락하게 되는데, 이때 다수의 아유타야 왕국의 왕족과 귀족들이 버마에 인질로 보내어졌다. 이 중에는 나중에 아유타야 왕국의 왕이 되는 나렛(Naret) 왕자도 포함되어 있었다. 마하 짜크라팟은 다시 힘을 모아서 따웅우 왕국에 저항하였으나, 버인나웅 왕에게 곧바로 진압되었다. 그 결과 버인나웅 왕은 마하 짜크라팟을 폐위시키고 아유타야의 새로운 왕으로 나렛 왕자의 아버지인 마하 탐마라차(Maha thammarachathirat)를 임명하였다.

7년간 버마에서 인질 생활을 하던 나렛 왕자는 후에 마하 탐마라차 왕을 뒤이어 아유타야 왕위에 오르는데, 그가 바로 태국의 영웅인 나레쑤언(Naresuan) 왕이다. 나렛 왕자가 인질 생활을 마치고 아유타야에 돌아왔을 당시 캄보디아의 잦은 침임이 있었다. 이때 그는 캄보디아의 침임을 막아내었는데, 이를 통해 많은 전쟁 경험을 쌓게 되고 점차 전쟁영웅으로 떠올랐다. 1581년 버인나웅이 죽고 따웅우 왕국이 반란에 휩싸이자 이러한 혼란을 틈타 마하 탐마라차 왕은 독립을 선포한다.

나레쑤언 왕

나레쑤언 왕은 1590년 왕에 올라 아유타야를 부흥기로 이끌었다. 그는 버마의 수차례 침공을 몰아낸 것은 물론이고 1594년 캄보디아를 침공해 수도 로벡을 함락시켰으며 1599년 란쌍 왕국 군대를 격퇴, 란나 왕국을 합병하였다. 비록 성공하진 못했지만 버마 본토에 대한 공격을 감행하기도 하는 등 사실상 망하기 직전이었던 아유타야를 동남아시아 지역의 강대국으로 격상시켰다.

나레쑤언이 원정도중 사망하자, 제위는 동생인 에까토싸롯(Ekatho-tsarot)가 물려받게 된다. 에카토싸롯은 그동안의 확장정책을 멈추고 내치를 다시 정비했다. 여기에 무역을 크게 진흥하였는데 당시 이 지역에 등장하기 시작한 동인도회사와 무역을 통하여 아유타야 왕국은 동남아의 주요한 무역의 중심지로 자리매김하기 시작하였다. 이

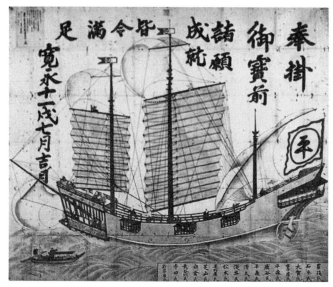

아유타야의
일본 무역선

후 라마티보디 2세(Ramatibodi II) 재위 때인 1511년 포르투갈과 수교를 하였는데. 이는 태국 역사상 최초의 서양국가와의 수교였다.

개방적인 문화성을 지녔던 아유타야는 외국과의 교류를 활발히 했으며 외국인 중에는 아유타야에서 고위직에 오르는 일이 많아졌다. 예를 들어, 일본인 야마다 나가마사(山田長政)가 대표적이다. 야마다 나가마사는 다른 7,000명의 일본 주민들과 함께 아유타야의 일본인 구역에서 살고 있었는데, 타이인들은 일본인 공동체를 '반 야푼(Ban Yipun)'이라고 불렸으며 아유타야 국왕이 임명한 일본인 지도자가 공동체를 관리했다. 태국의 일본인 공동체의 구성원들은 해외 도항 허가장을 받아 동남아시아 각지와 통상을 하던 무역선인 슈인센(朱印船)의 상인들과 종교박해를 피해 일본을 떠난 천주교 신자들, 세

키가하라 전투(関ヶ原の戦い, 1600)와 오사카 전투(大坂の役, 1614~1615)에서 패해 주군을 잃은 낭인들이 뒤섞여 있었다. 아유타야 왕국은 이들이 지닌 군사적 전문성을 높이 평가하였고, 아유타야 왕의 지시에 의해 일본인으로만 구성된 왕실 친위대 성격의 용병 부대가 만들어졌다. 나중에 야마다 나가마사는 아유타야 왕국의 귀족이 되었으며, 여러 전쟁에 참여하여 태국의 남쪽 반도를 다스리는 군주로 임명되었다.

이러한 개방정책은 이후에도 계속되어 페르시아 상인이었던 셰이크 아흐마드(Sheikh Ahmad)의 경우도 있으며 그리스계 영국인 콘스탄틴 풀콘(Constantine Phaulkon)의 경우는 왕의 고문이자 수상에 오르고, 프랑스에 친선사절을 보내기도 하였다. 심지어 나라이(Narai) 왕 때는 페르시아인들과 프랑스인들이 왕실경비를 담당하기도 했다. 또 17세기부터 명청 교체기의 혼란을 피해 혹은 상업적 이득을 취하기 위해 중국인들이 아유타야에 들어오기 시작했는데 그 수는 이후 지속해서 늘어났다. 이러한 외국인 활약의 원인 중 하나는 이 당시 아유타야가 복잡한 왕위 계승 분쟁이 끊임없이 발생하여 각 권력 집단들이 일본인, 페르시아인, 포르투갈인, 네덜란드인 그리고 중국인들을

콘스탄틴 풀콘

적극 활용하였기 때문이다. 또 다른 이유로 중국인을 비롯한 상당수 외국인이 무역업에 종사하여 이들에게서 거둬들이는 세금은 왕실의 주요한 수입원 중 하나이기도 하였기 때문이다.

하지만 지나친 개방성으로 국내의 귀족층은 반발하기 시작했고 프랑스군대가 주둔하기 시작하여 지금의 방콕 지역에 성채까지 짓는 상황에 이르게 되자 불안감이 일어났다. 여기에 콘스탄틴 풀콘은 가톨릭 선교에 매우 적극적이었는데, 이러한 것은 많은 불교 지도자들의 반발을 불러일으켰다. 결국 1688년 개방정책에 적극적이었던 나라이 왕이 죽자마자 쿠데타가 일어나 콘스탄틴 풀콘은 국내의 귀족들에 의해 즉시 살해당하였다. 그리고 방콕에 요새를 쌓고 주둔하고 있던 프랑스군과 아유타야군 사이에 공성전이 일어나는 상황에까지 이르러, 이 결과 프랑스군대는 아유타야를 떠나게 된다. 이러한 사건 이후 아유타야와 외국과의 교류는 급격하게 줄어들게 되었고, 이후 귀족들의 연이은 반란으로 아유타야 왕국은 국력이 급격히 쇠락하기 시작하였다.

여기에 이웃 국가인 분열되어있던 버마가 재통일됨으로써 다시 버마와의 전면전이 벌어졌다. 1740년 버마 남부 지방에 있던 몬(Mon) 족은 프랑스의 지원으로 독립하여 그들의 왕국을 수립하고, 1752년 당시 버마의 수도였던 잉와(Inwa 혹은 아바 Ava)까지 점령하였으나, 꼰바웅(Konbaung) 왕조를 세운 알라웅파야(Alaungpaya) 왕의 공격으로 1757년 다시 멸망했다. 이 과정에서 버마족과 몬족 사이에 대규모 학살이 일어나게 되었는데, 이 결과 상당수의 몬족은 버마족의 치하에 살기를 포기하고 아유타야로의 대규모 이주를 하게 되었다. 아유타야 역시 몬족의 독립을 지원했기 때문에 버마와 전쟁이 재발했고, 1759년 버마 군대가 수도인 아유타야를 포위하였으나, 알라웅파야 왕이 전투에서 사망하자 버마군은 철수하였다.

1765년 꼰바웅 왕조의 3대왕 신뷰신(Hsinbyushin) 왕이 다시 아유타야를 침공하였다. 이미 버마와의 전쟁으로 쇠퇴하기 시작하였던 아유타야는 이 전쟁에서 크게 져서 아유타야군은 수도에서 버마 군대의 포위 속에 1년가량 공방전을 벌였다. 버마 군대의 포위에 더 이상 버티지 못한 아유타야 왕은 버마에 항복을 요청한다. 그러나, 항복은 받아들여지지 않고 수도인 아유타야가 함락되고 파괴되었다. 하지만 그 당시 버마에 청나라 군대가 침입한 상황이어서 버마군은 일부의 주둔군만 남기고 모두 철수하였다.

짜끄리 왕조

아유타야가 함락되기 직전 탈출한 일부가 딱신(Taksin, 중국명 鄭信)을 중심으로 동남부에 위치한 짠따부리(Chanthaburi)로 피신하였다. 이 지역은 당시 중국인들이 후추 플랜테이션을 위해 집중적으로 거주하던 곳이었다. 딱신은 그곳을 근거지로 중국인들의 지원을 받아 힘을 길러 반년 만에 아유타야를 탈환한다. 하지만 아유타야는 이미 철저하게 파괴된 상태이고, 버마군을 막기에도 적절하지 않아 수도를 현 방콕 서부인 톤부리(Thonburi)로 천도하였다. 톤부리-방콕은 앞서 프랑스군이 주둔했을 때 요새를 만든 곳으로 해상으로 진출하기도

딱신 대왕

용이한 편이었다. 이런 이유로 왕으로 추대된 딱신은 1768년에 톤부리를 수도로 정한 후, 이전 아유타야의 모든 세력들을 통합한다. 1769년에는 아유타야 함락 이후 여러 군벌로 분열되어 있던 태국을 다시 통합하고 더 나아가 캄보디아 서부지역까지 진출하였다. 이러한 여세를 몰아 1774년부터는 버마 세력을 물리치고, 1776년에는 치앙마이 지역에 위치한 란나 왕국을 정복하였다. 아유타야를 다시 통합하여 버마와의 여러 차례 전쟁에서 승리하고, 라오스를 복속시키고 캄보디아를 놓고 베트남의 응우옌(Nguyễn) 왕조와의 전쟁에서 이긴 딱신 왕은 아유타야 왕조의 나레쑤언 왕과 같이 태국에서 중요한 영웅으로 오늘날까지도 추앙받고 있다. 그러므로, 태국의 역사에서는 그를 오늘날까지도 '대왕(마하랏, Maharaj)으로 부르고 있다.

그러나, 그의 눈부신 업적에도 불구하고 딱신 왕은 말년에 정신에 이상이 생겨서, 스스로 자신이 부처임을 자처하고 포악한 정치를 펼치기 시작했다고 한다. 이에 반발한 귀족들은 강제로 그를 구금하였는데, 이러한 사태는 딱신의 오랜 친구이자 전우였던 챠오피아 짜끄

라마 1세 기념 동상

리(Chao Phraya Chakri) 장군에 의해 수습되었다. 딱신 대신에 왕위에
오른 짜끄리 장군은 라마 1세(Rama I)로 현 태국의 왕조인 짜끄리 왕
조의 시조가 된다. 이 왕조는 라따나꼬신 왕조 혹은 방콕 왕조 등으로
불린다. 라마 1세는 1782년에 수도를 톤부리에서 강 건너편인 방콕으
로 이전하여, 이때부터 방콕은 태국의 수도가 된다.

　　라마 1세는 즉위할 때 예전 아유타야의 전통을 부활하려 노력하였
다. 그는 자신을 신성왕(神聖王, divine king)으로 형상화하였고, 이를
통해 절대 왕권을 확립하기 시작하였다. 또 한편, 유능한 장군이었던
라마 1세는 영토를 더욱 확장시켜 캄보디아와 라오스가 속국이 되었
고, 치앙마이에 근거한 란나도 완전히 복속시켰으며 버마군의 수차

례의 침공을 성공적으로 막아내었다. 이 당시 시암(태국의 옛 이름)의 영역은 그 이전 최대 규모였던 나레쑤언 시기의 영토 확장을 능가하는 것으로써, 이때 태국은 동남아의 패자(覇者)의 위치에 오르게 된다. 라마 2세와 라마 3세 때도 이러한 영토의 확장은 계속되어서 라마 3세의 서거 무렵 영토는 태국 역사상 최대가 된다. 하지만 라마 4세가 즉위하면서 시암도 제국주의의 물결을 맞닥뜨리게 된다.

몽꿋(Mongkut)으로도 알려진 라마 4세는 현재 태국에서 가장 존경받는 왕 중의 하나이다. 그의 이야기는 왕세자(훗날 라마 5세)의 교사로서 고용된 영국인 안나 레오노웬즈(Anna Leonowens)의 6년간의 궁중생활을 그린 마가렛 랜든(Margaret Landon)의 소설 『안나와 시암왕(Anna and the King of Siam)』과

라마 4세, 몽꿋 왕

특히 이를 토대로 뮤지컬 영화로 만들어진 '왕과 나(he King and I)'의 주인공으로 태국뿐 아니라 외부 세계에서도 유명하다. 그러나, 이 뮤지컬 영화는 그 내용이 부정확하다는 이유로 태국에서는 금지되어 있다.

그의 제위 당시 영국이 동남아시아 지역으로 그 세력을 확장하였다. 영국은 먼저 인도 식민지(현재 방글라데시)

에서 동쪽으로 진출하여 버마와 전쟁을 통해 테나세림(Tenasserim)과 아라칸(Arakan) 지역을 차례로 병합했고, 페낭(Penang)을 조차함으로써 마침내 시암과 접촉하게 된다. 그 강력하던 버마가 영국에 무참하게 당하는 것을 목격한 라마 4세는 즉시 영국과 수교를 맺는다. 1855년 영국과 첫 불평등 조약을 맺은 것을 시작으로 미국, 프랑스 등 서구의 여러 열강과 연달아 우호통상조약을 체결했다. 영국과의 조약을 채결할 때, 그는 처음으로 '시암(Siam)'이라는 국호를 사용하였다. 이와 동시에 그는 안으로는 변화와 개혁을 시작했다. 그는 서구의 문물을 적극적으로 받아들여 시암을 근대화하는데 앞장섰다. 또한 종교 개혁을 통해 본래의 불교 관습과 전통에 따라 불교를 복원하고자 노력하였다. 그러면서도 서구의 합리주의를 받아들여, 불교와 근대과학을 조화시키려 노력했다.

쭐라롱껀 왕과 근대화

라마 4세의 뒤를 이어 왕위에 오른 이는 라마 5세(Rama V)인 쭐랄롱껀(Chulalongkorn)이다. 현재 태국의 국왕인 푸미폰 왕의 할아버지인 그는 제국주의 침략에서 외교적 수완을 발휘해 주권을 지켜냈고, 일찍부터 서구 문물을 배워 노예제 등을 폐지하는 등 태국의 근대화를 진두지휘했다. 그가 태어났을 당시 아시아 전역은 서구열강이 제국주의를 앞세워 침범하던 시기이다. 먼저 청나라가 1842년 아편 전쟁에서 영국에 패했고, 1853년에는 버마가 영국과 벌인 2차 전쟁에

라마 5세, 쭐라롱껀 왕

서 처참하게 패하였다. 프랑스도 호시탐탐 인도차이나 반도 진출을 노리고 있었다. 이때 시암은 인도차이나 지역의 강대국으로 그 영향력이 남쪽으로는 말레이 반도 남단, 동쪽으로는 캄보디아와 라오스 전체, 북쪽으로는 현재 미얀마 일부까지 미치고 있었다.

쭐라롱껀은 그의 아버지인 라마 4세가 말라리아에 걸려 급작스럽게 사망하자 그의 나이 16세에 왕위에 올랐다. 어린 나이에 왕위에 올랐기 때문에, 우선 몽꿋 왕의 충복이던 추앙 분낙(chuang bunnag)이 5년간 섭정을 맡았다. 분낙의 섭정 기간 동안 쭐라롱껀 왕은 영국령 인도 등 주변국을 돌아다니며 국제 정세를 파악하고, 외교적 감각을 익혔다. 이 동안 그는 시암을 서구 열강에서 지키려면 서구식 근대화가 필수적이라는 생각을 굳히었다. 시암으로 귀국한 직후, 변화하는 국제 정세에 발맞추어 서둘러 근대화를 단행하였다.

그의 근대화 작업은 우선 근대적 교육에서 시작되었다. 먼저 왕실과 유력한 귀족 가문의 자제들을 영국 등 서양으로 유학을 보내 서구의 문물을 익히도록 하였다. 당시 관리 양성을 위한 교육은 전통적으로 왕실시종단(王室侍從團)에서 이루어졌는데, 귀족 가문의 자제들만이 왕실시종단에 들어갈 수 있다는 특권이 있었다. 그러므로 쭐라롱껀 왕은 이 왕실시종단의 교육을 근대적으로 바꾸었다. 새로운 교육 방식에 대해 많은 귀족의 반발이 있었으나, 그는 이에 굴하지 않고, 오히려 더 나아가 타이어와 영어 그리고 수학, 과학 등을 가르치는 학교인 수안 아난(Suan Anan)을 설립했고 또 다른 근대 학교인 수안 꿀랍(Suan Kulap)가 그리고 사관학교, 법률학교, 그리고 행정학교를 차례로 설립하였다. 이들 학교들은 본래 귀족의 자제들을 위해 설립된 것이었으나, 곧 부유한 화인(華人)들과 평민들까지도 이곳에서 교육을 받게 되었다.

사회 제도와 법제에도 서구식 근대화를 단행하였는데 예를 들어 인구의 3분의 1에 달하던 노예들을 단계적으로 해방시켰다. 이 밖에도 세제와 사법 체계의 근대화와 함께 국민개병제, 초등교육 의무화 그리고 교통망과 전기 등 사회 기반 시설들 등 거의 모든 사회 제도와 구조를 서구식(근대식)으로 고쳐 나갔다. 또 정부의 체제도 영국식 제도를 일부 받아들여 내각제 정부로 개편해 본인이 수상 역할까지 맡았다. 추밀원과 내각평의회, 재무부 같은 근대적인 행정 기관을 설립함과 함께, 지방 행정도 체계적으로 정비하여 중앙집권화를 꾀했다. 당연히 이러한 급진적 개혁에 대한 구세력들의 저항도 적지 않았으나, 그가 추진한 근대적 교육을 받은 신진 세력들이 왕과 함께 근대화를 주도해 나가기 시작하면서, 이러한 저항도 점차 잦아들었다. 이런 근대화는 일본의 메이지 유신(明治維新)과 비슷하게 철저하게 위로부터의 개혁이라 할 수 있다.

당시 태국의 주변 정세는 점점 더 급박해져 갔다. 서쪽에 위치한 버마는 영국과의 2차례 전쟁을 통해 식민지가 되었고, 동쪽의 강대국이었던 베트남조차도 프랑스 보호령이 되었다가 후에 식민지가 되었다. 또 남쪽으로는 인도네시아가 네덜란드에 식민지가 되면서 제국주의로 무장한 거대한 세력들이 태국을 향해 서서히 옥죄여 오고 있었던 것이다. 이러한 정세 속에 쭐라롱껀 왕은 눈부신 외교 능력을 발휘하여 태국을 외세의 침략에서 보호 하였다. 우선 동쪽에서 다가오는 영국과 서쪽에서 들어오는 프랑스 사이에서 교묘한 외교술로 세력 균형을 이루어 내었다. 또한 이들 외세에 대해 사소한 핑계거리를 만들거나 빌미를 제공하지 않고 가급적 그들을 자극하려 하지 않으려 노력하였다.

심지어 열강들의 지나친 요구가 있을 때마다, 영토 중 일부를 떼어주면서까지 이들을 달래고 자극하지 않으려 하였다. 예를 들어 프랑스가 무력시위를 하자 요구를 받아들여 현재 라오스 지역을 할양하여 프랑스에 넘기었고, 캄보디아에서의 영향력도 철회하였다. 사소한 군사적 충돌은 프랑스의 침공의 빌미를 제공할 수 있었기 때문이다. 영국에게도 이러한 태도는 마찬가지였는데, 서북쪽에서 압박해 들어오는 영국 세력에 대해 거의 모든 요구는 받아들여져서 북쪽의 많은 영토가 영국에 넘어가게 되었다. 이때 시암이 포기한 영토의 대부분은 비교적 새로이 획득한 지역으로, 시암의 입장에서 보면 일종의 식민지와 같은 곳으로 인식되었기에, 이를 과감히 포기하는 대신 서구 열강에게서 자주권을 보장받았다. 이 결과 20세기 초에는 시암의 영토는 최대 팽창기인 라마 3세 재위 때와 비교하여 거의 절반으로 줄어들었으나, 시암의 독립은 지킬 수 있었다.

여기에 쭐라롱껀 왕은 직접 두 차례 유럽 순방에 나서 영국, 프랑스, 러시아 등 주요 열강들의 국왕들과 만나 친분을 쌓았다. 또 그의 탁월한 국제적인 감각을 통해 프랑스와 영국의 인도차이나 반도에서 경쟁 관계를 적절히 이용하였음은 말할 것도 없다. 이러한 노력 덕분으로 쫄라롱껀 재위 말기에 가서는 시암의 주권과 독립에 대하여 그 누구도 의구심을 품지 않게 되었다. 결과적으로 당시 국제 정세를 정확하게 이해한 쫄라롱껀 왕의 유연성과 인내심을 바탕으로 한 외교 전략으로 인하여 태국은 아시아에서 일본을 제외하고 유일하게 독립을 유지한 국가가 되었다.

시암에서 타이로

쫄라롱껀 왕 사후 등극한 라마 6세(Rama VI) 재위할 당시 세계 열강들의 경쟁이 과열되어 결국 제1차 세계대전이 발발하였다. 이때 열강들의 다툼에 적극적으로 동참하지 않고 중립을 선언하며 사태를 관망하다가, 종전을 1년 앞둔 대전의 막바지인 1917년에 연합국의 대열에 참가하며, 태국의 이익을 극대화하였다. 이때 태국은 세계대전 승전국으로 제법 많은 배상금을 받으며, 세계적인 경기의 호황 속에 경제를 비약적으로 성장시켰다. 그러다가 1925년 라마 6세가 사망하자 태국 역사에서 최후의 절대 군주인 라마 7세(Rama VII)가 등극하였다.

그가 등극하였을 때, 시암은 국내외적으로 다양한 문제들이 발생하고 있었다. 우선 국내적으로는 프랑스와 독일 등 유럽에서 유학하

피분송크람

고 돌아온 많은 장교와 소장관료가 서구 사상에서 영향을 받아 입헌 혁명에 대한 열기가 높아지기 시작하였다. 이와 함께, 세계 경기의 호황 속에 전쟁의 피해를 입지 않은 태국은 재정이 제법 풍족하였기에 왕실이 무리한 사업을 벌이기 시작하였다. 그러나, 라마 6세 때부터 왕실의 지나친 국고 사용으로 재정이 적자로 돌아서기 시작하였다. 또 국외적으로는 세계 경제가 극도의 호황기에서 급작스러운 대공황에 빠지던 시기였다. 결국 태국에까지 세계대공황의 여파가 닥치자, 당시 태국의 주요한 수출 품목이었던 쌀의 가격이 폭락하면서 국가의 재정은 큰 위기를 맞는다. 이를 타계하기 위하여, 라마 7세는 많은 장교와 공무원을 강제로 퇴직시키고, 남아 있는 이들의 직위나 봉급도 삭감하였다. 이러한 조치는 즉각 많은 장교와 관료의 불만을 불러일으켰다.

이러한 불만은 결국 1932년 폭발하여, 쁠랙 피분송크람(Plaek Phibunsongkhram)을 중심으로 하는 장교들과 관료들이 쿠데타를 일으켰다. 소위 '1932 혁명'이라고 부르는 이 쿠데타는 군부의 전폭적인 지지에 힘입어 무력 충돌은 없었으나, 그렇다고 일반 국민들이 참여한 것은 아니었다. 이 쿠데타의 결과로 국왕 라마 7세를 영국으로 망명하였으며, 쿠데타의 주도 세력들은 곧바로 인민당(Khana Ratsadon)을

만들고, 시암 최초의 임시 헌
법을 공포하여 절대왕정에서
입헌군주제로 정치체제를 바
꾸었다.

　새롭게 들어선 정부는 당
시 스위스에서 유학 중이던 어
린 왕자 라마 8세(Rama VIII)를
새로 추대했지만, 더 이상 왕
에게 정치적 실권은 부여되지
않았고, 헌법에 따라 만들어
진 인민위원회가 가장 큰 영향
력을 행사하는 기관이 되었다.

라마 8세

1933년 태국 최초로 선거가 있었다. 이때 구성된 국회에 의원들은
선거로 피선된 선출의원 이외에 전의석의 절반을 차지하는 지명의원
으로 이루어져 있었다. 선출의원들의 경우 대부분 민간인이었으나
지명의원들의 경우 대부분이 군부 출신이었다. 그러므로 피분송크람
의 정치는 그가 아무리 대중적으로 좋은 이미지와 인기가 많았다고
는 하더라도 확실히 독재적이었다고 할 수 있다. 이 당시 모든 출판물
과 방송은 철저하게 검열을 받았다. 또 많은 사람이 정치적인 이유로
처형되거나 해외로 망명하였다.

　1939년에는 국호를 '시암'에서 '쁘라텟 타이(자유의 나라)'로 바꾸는
데, 이것은 피분송크람이 태국 민족주의를 통치의 정당성에 이용하
였음을 보여주는 대표적인 예라고 할 수 있다. 즉 군부를 중심으로

세니 쁘라못

타이족에 대한 단결을 강조했다. 이러한 민족주의는 다분히 당시 독일 나치와 일본의 군국주의에서 영향을 받은 것이었다. 이러던 중 이전에 잃어버린 영토를 회복한다는 명분으로 1941년에는 프랑스와의 영토 분쟁을 겪게 되었다. 이때부터 태국은 일본과 점점 긴밀해지기 시작한다. 그리고 마침내 태국과 일본이 동맹관계를 맺어 미국 등 연합국에 선전포고를 하고 제2차 세계대전에 추축국의 일원으로 참전하게 된다. 이러한 태국 민족주의는 피분 자신이 중국계임에도 불구하고 이전까지 나름 관대하였던 화인(華人)에 대한 탄압으로 이어졌다. 즉 모든 화인은 태국 국적을 획득하여야 했으며, 또 이름도 태국식으로 바꾸어야만 하였다.

1944년이 태평양전쟁에서 일본의 패망이 점점 확실해지자, 태국은 재빨리 일본과의 동맹을 파기하고 연합국임을 선언하였다. 이와 동시에 친일적이었던 피분과 그의 군사 정부는 와해하였다. 이에 타이 민족의회는 왕의 통치로 돌아가기로 하고, 망명 중이던 라마 8세 즉 아난타 마히돈(Ananda Mahidol)이 귀국해 다시 왕으로 즉위하고 왕정이 복귀되었다. 태평양전쟁에 태국이 미국에 선전포고할 당시 주미 태국대사였던 세니 쁘라못(Seni Pramoj)은 미국에 대한 타이 정부의 선전포고 문서를 미국 정부에 전달하는 것을 거절하고, 미국의 지원

태국에서 존경 받고 있는
현 국왕 라마 9세

으로 자유 타이(Free Thai) 운동을 전개하여 국내의 유력인사인 쁘리디 파놈용(Pridi Phanomyong) 등과 연대하여 반(反) 군부 활동 및 일본군에 대한 게릴라 작전을 전개하였다. 제2차 세계대전이 끝난 직후 태국은 재빨리 영국과 프랑스에 자진해서 손해배상을 하고 일본에 대항했던 자유 타이 운동의 명분과 당시 반공에 중심이던 미국의 도움으로 패전국 대우를 면하였다. 이러한 사실에서 알 수 있듯이 태국은 제2차 세계대전 당시 연합국과 추축국 사이에서 양쪽 모두를 지원하며 전황을 살피다가 전쟁이 막바지에 이르자 연합군에 가담하였음을 알 수 있다.

1946년에 '라마 8세'는 젊은 나이에 의문의 죽음을 맞고, 그의 동생인 푸미폰 아둔야뎃이 라마 9세(Rama IX)로 왕위를 계승한다. 그러나, 1947년 다시 군사 쿠데타가 일어나 피분 송크람이 다시 권력을 잡게 되었다. 이때 피분은 동남아시아 지역에서 강하게 몰아치던 공산주의에 대항한다는 명분으로 UN군의 일원으로 한국전쟁에 군대를 파병하는 등 미국과의 관계를 돈독하게 한다. 그러나, 미국 원조의 착복 등의 부정부패가 발생하자, 이를 빌미로 군부 쿠데타가 발생하였다. 실각한 그는 일본으로 망명하여 그곳에서 사망하였다.

한편 라마 7세 이후 장기간 군부에 의한 통치로 태국 사회에서 왕권은 이전과 같지 않았다. 그러므로 라마 9세는 평소에 불교의 이상적인 통치자인 탐마라차(Dhammaraja, 法王)로써의 그의 역할에 충실하였다. 이를 위해 그는 특히 많은 자선 사업에 몰두하고 있는데, 그 대표적인 예가 왕실의 사회 복지 사업인 국왕개발계획(Royal Development Projects)이다. 현재까지 약 3,000여 개 이상의 프로젝트가 태국 전역에서 진행되고 있는데, 이들 프로젝트의 대부분은 수력발전소와 저수지의 건설과 같은 사회간접자본 확충에서부터 농업기술의 개발과 보급을 위한 연구소 설립, 왕실의료단의 오지 파견과 같은 것이 있다. 이러한 프로젝트들 중 가장 유명한 것은 태국 북부지역의 고산족들을 위한 사업이다. 1960년대 말까지 북부태국의 고산지역은 빈곤지역으로 세계적인 마약 생산지였고 또 낙후된 농법으로 인해 산림의 훼손이 심각하였다. 이 지역에 국왕개발계획이 시작되면서, 전문가들이 파견되어 면밀한 조사가 이루어진 후, 이 지역에 적합한 농산물(과일, 채소, 커피)을 소개하고, 생산된 작물을 가공, 포장, 유통, 브랜딩 등의 전문적인 마케팅까지 지원하여 현지인들에게 직접 이익이 돌아가게 하였다. 이 결과 이 지역은 세계적인 마약 생산지라는 오명에서 벗어날 수 있었을 뿐 아니라, 고산지역의 환경을 보존하고 빈곤을 퇴치한 성공적인 사례로 꼽히고 있다.

그렇다고 국왕이 정치에 완전히 무관심 한 것은 아니다. 오히려 라마 9세는 잦은 군부의 쿠데타들과 민주화 운동 가운데 조정자의 역할을 통하여 정치적 권위를 얻기 시작하였다. 그는 태국 헌법에 7조에 "헌법에 명시되지 않은 사항은 입헌군주제 관례에 따라 결정한다(Whenever no provision under this Constitution is applicable to any case, it shall be decided in accordance with the constitutional convention in the democratic regime of government with the King as Head of State.)"고 규정된 조항을 적극 활용하였다. 대표적인 사례로 학생들이 주도가 된 1973년 민주화 운동 당시 국왕은 학생들과 민주화 세력의 편을 들어, 총리에게 사임을 권유했다. 이러한 그의 태도로 인해 이때 태국에서 군부 정권이 잠정적이나마 종식되기도 하였다. 이 사건 이후에도 태국은 민주주의는 여전히 확고하게 정착하지는 못하였고, 여전히 군부에 의한 쿠데타가 반복되고 있는 상황이다. 그럴 때마다 태국의 국왕은 정치적인 해결과 조정의 역할을 하며, 그의 권위를 과시하고 있다. 물론 현재 라마 9세는 절대왕정에서처럼 영향력을 펼치지는 못하지만, 그럼에도 불구하고 그의 권위는 태국사회에서 여전히 절대적이라 할 수 있다. 이유는 여러 가지가 있지만, 대다수의 태국 국민들은 자진해서 왕을 존경하고 있다.

태국-다종족 사회

태국은 소수민족문제를 제법 성공적으로 해결함으로써 동남아 국가 중에는 드물게 적어도 표면적으로는 국가통합을 성공시킨 나라로 꼽힌다. 태국국민을 구성하는 민족 집단의 수는 약 20~30종에 이르고 있으나 이 중에서 일상어로 타이어를 사용하고 타이계의 민족 집단이라고 생각할 수 있는 사람들은 83% 정도이다. 방콕을 포함하여 중부 태국을 중심으로 거주하고 있는 타이족계의 사람들은 싸얌족이라고 불린다.

본래 타이족에 속하는 인종은 크게 두 가지로 나누어진다. 본래 이러한 분류는 언어학에서 주로 사용되는데, 이들 타이족에 속하는 어군은 따이까다이어족(Tai-Kadai languages, 중국어로는 壯侗語族)으로 불린다. 이들 어족(語族)들은 중국 고대 남방의 최대 종족 집단이었던 백월(百越)과 밀접한 관련이 있는 것으로 보이는데, 아마도 중국의 역사 가운데 전국시대(戰國時代)에 등장하는 월족(越族)과 연관이 있는 것으로 추정된다. 이들 어족을 사용하는 종족으로는 태국의 타이족과 베트남의 눙족, 라오스 라오족, 버마의 샨족 등이 있다.

현재 태국을 구성하고 있는 인종 중 비타이어계로는 화인(華人), 말레이인, 몬인, 인도계인, 베트남인 등이 있다. 이들 중 '룩찐'이라 불리는 이들 화인은 현재 태국에서 비타이계 민족 중 최대의 인구를 가진 소수 인종이다. 이들 화인의 태국 진출은 일찍부터 시작되었는데 예를 들어 17세기 아유타야의 쁘라쌋텅 왕은 국제 무역에 화인들을 이용했다. 국가권력과 결탁한 화인들의 힘은 비약적으로 증대하게 되었고 이들은 왕실 중매인, 창고 관리인, 왕실회계까지 독점하게 된다. 이후 랏따나꼬신 왕조 때도 화상(華商)우대정책을 취하여, 17세기 당시 만여 명이었던 룩찐의 수가 19세기 후반에 가서는 100만 명 이상이 되었다. 피분 정권 당시 타이 민족주의에 의해 화인이 탄압받

몬족 춤

은 역사도 있기는 하지만, 여기서 주목할 점은 태국의 화인 즉 룩찐들의 경우, 다른 동남아의 화인 혹은 화교(華僑)들이 현지인과 심각한 갈등과 마찰을 빚고 있는 것과는 대조적으로, 태국 사회에 대체로 자연스럽게 동화되고 있는 것이 특징이다.

한편 말레이계 사람들 대부분은 말레이시아와 접경지역인 태국 남부 국경의 5개도인 빳따니, 얄라, 나라티왓, 싸뚠, 핫야이 등에 주로 거주하고 있다. 원래 이 지방들은 말레이계 이슬람국가인 빳따니 (Pattani) 왕국의 지배하에 있었으나, 18세기 말에 태국의 랏따나꼬씬 왕국에 의해서 정복되면서 현재 태국에 편입된 경우이다. 말레이계 통에 속하는 이들은 대부분은 태국의 대표적인 종교인 상좌부 불교가 아닌 이슬람교를 믿는다.

몬족의 경우 본래는 미얀마(버마)에 거주하던 인종으로 동남아시아에서 가장 초기부터 거주하던 민족 중 하나였다. 이들은 인도의 아소카 왕이 보낸 승려에 의해 상좌부 불교를 믿기 시작하였고, 이후 미얀마와 태국에 상좌부 불교를 전파하기도 하는 등 동남아시아 역사와 문화에 있어 매우 중요한 위치를 차지하는 민족이었다. 그러나 이들 몬족은 18세기 말부터 19세기 초에 버마족과의 투쟁에서 패하게 되는데, 이때 많은 사람이 버마족의 탄압을 피해 난민으로서 태국에 이주하였다. 이들 몬족 난민들 대부분은 태국의 중서부에 정착하게 되었다. 같은 종교와 비슷한 생활 방식 등으로 인해 몬족은 타이족에 동화되기 시작하였는데, 현재 대부분의 몬족은 태국 사회에 흡수되어, 몬족과 타이족을 구분하기는 쉽지가 않다.

태국에 거주하는 인도인들은 단일한 인종이 아니며 그 종교 또한 힌두교도, 이슬람교도, 시크교도 등으로 매우 다양하다. 태국과 인도 사이에는 외부 세계에 개방적이었던 아유타야 시대부터 무역을 통한 교류가 활발하여 아마도 이때부터 인도인들이 태국에 건너오게 된 것으로 보인다. 그러나 본격적인 이주는 랏따나꼬씬 왕조 때부터 영국 등이 중심이 된 동인도회사를 통한 무역의 영향으로 이때 상당수의 인도인이 태국에 들어와 정착하게 된 경우이다. 태국의 소수 인종으로 약간의 베트남인들이 있는데 이들은 크게 2종류가 있다. 하나는 19세기 후반 베트남으로부터 피난을 온 가톨릭교도 계통의 베트남인들로 현재 그 수는 많지 않다. 또 하나는 인도차이나 전쟁 당시 피난 온 사람들이다.

한편 현재 태국에는 라오족이 2,000만 명 살고 있다. 이는 6,500만의 전체 태국 인구 중 30%가 넘는 규모이며, 라오족이 중심이 되는 라오스의 경우 그 인구가 라오스에 450만 명으로 태국이 라오스보다 라오족의 인구가 더 많다. 물론 이들 중에는 평화적으로 그리고 자발적으로 이주한 경우가 상당수이지만, 태국이 라오스를 식민지로 하고 있을 당시 강제이주 된 경우도 무시할 수 없을 만큼 많다. 문제는 태국 인구조사 통계에서는 라오족을 그냥 타이족에 포함하고 있다는 사실이다. 언어학적, 역사적인 관점에서 살펴보면, 라오족과 타이족은 본래 그 뿌리가 같다고 할 수도 있지만, 현재 라오족과 타이족은 엄밀히 말하자면 분명 다른 종족이라 할 수 있다. 태국에 살고 있는 라오족 상당수는 자신들을 태국인으로 생각하며 살아가고 있다. 이밖에 아카(Akha)족, 카렌(Karen)족, 리수(Lisu)족, 라후(Lahu)족 몽족(Mong, 베트남에서는 Hmong 그리고 중국에서는 苗族) 등등 다양한 소수민족들이 태국에 살고 있다. 이들 소수민족의 상당수는 본래 중국 남부에 거주하다가 동남아 지역으로 진출한 경우가 대부분이다. 이들의 거주 지역은 태국뿐 아니라 중국 남부와 버마 라오스, 베트남 등에 걸쳐 있다.

제2장
태국 왕실과 궁중무용(가면무 콘)의 관계

태국의 왕권(王權)

태국의 궁중무용인 콘(Khon)을 이해하기 위해서는, 우선 이와 밀접하게 관련되어 있는 태국의 왕권을 먼저 이해할 필요가 있다. 태국의 정식 명칭은 '타이 왕국(Kingdom of Thailand)'으로, 입헌군주제 헌법을 기초로 하고 있는 나라이다. 국가원수인 국왕과 내각책임제로 정부를 이끄는 총리, 그리고 의회가 태국 정치에 근간을 이루고 있다. 이 중에서 태국의 국왕은 수코타이 시대부터 700여 년 동안 이어져 온 전제 군주제에서 1832년 입헌군주제로 체제가 바뀐 이후 절대 왕권을 행사하지는 않게 되었지만 현재도 이상적인 세상의 통치자를 뜻하는 '차크라바틴(산스크리트 Chakravatin, 팔리 Cakkavattin)' 즉 전륜성왕(轉輪聖王)으로 혹은 '살아있는 생불(生佛)'로 불리며 태국 국민들 사이에 절대적인 존경을 받고 있다. 국왕은 입헌군주제에서 국가권력의 정당성의 근원이고, 국민 일체감의 상징이며 태국의 정신적 지주

가 되고 있다. 이러한 태국의 왕권을 이해하는 데는 몇 가지 개념을 이해할 필요가 있다. 그것은 '탐마라차(Dhammaraja)'와 '테와라차(Devaraja)'라는 개념이다.

탐마라차는 버마의 몬(Mon)족들의 왕국에서 전래된 상좌부 불교를 받아들인 수코타이 왕조의 람캄행 왕 시대로부터 이어져온다고 알려진 개념인데, 그 의미는 '정법왕(正法王 kingship under Dharma)'이라는 의미이다. 이 개념은 불교의 계율을 지키는 이상적 국왕을 가리키는 것으로, 태국의 국왕들은 탐마라차를 준수하기 위해서 노력을 해왔고, 이를 통해 그의 통치는 정당성을 획득할 수 있었다. 보다 구체적으로는 탐마라차를 규정하고 있는 본래 수코타이 왕조 시대 버마의 몬(Mon)족들의 왕국에서 유래한 태국의 불교 법전인 프라 탐마삿(*Phra Thammasat*, the Universal Law of Theravada Buddhism)에 따라 다스리는 왕을 이상적 왕으로 여긴다. 따라서 국왕은 탐마라차를 준수함으로써 국가통치의 정당성을 확보하게 된다. 즉 불교의 법을 시행하면서 통치의 정당성을 확보하는 것으로 국왕은 이를 지지하면서 자연스레 왕권의 정당성을 확보하게 되는 것이다.

이러한 것을 보여주는 사례로는 국왕들의 출가를 들 수 있다. 역대 태국 국왕들은 탐마라차를 시행하기 위해 즉위 전 혹은 즉위 후 반드시 출가를 하는 관례를 들 수 있다. 여기서 태국 국민은 90% 이상이 불교신자들이다. 그러므로 이러한 것은 불교도 왕권의 절대성을 지지하는 기반이 된다. 이러한 사실은 태국 국기에서도 나타난다. 태국 국기의 3가지 색 중 빨간색은 백성, 하얀색은 불교, 가운데 파란색은 국왕을 상징한다. 탐마라차는 태국 헌법 제 8조에 "국왕은 불교도로 종교의 수호자이다(The King is a Buddhist and Upholder of religions)"라고 규정함으로써 단순히 전통에만 머무는 것이 아니라 법적으로도 실질적인 가치를 지닌 개념이라 할 수 있다.

그런데 수코타이 왕조 다음에 등장한 아유타야 시대부터 탐마라차와 더불어 '테와라차(Devaraja)라는 개념이 등장한다. 테라와차는 왕의 신성(神聖)을 강조하는 것이다. 사실 테라와차는 불교적이라기보다는 힌두적인 개념으로 왕을 비슈누(Vishnu)와 같은 신적 존재로 여기는 것이다. 즉 왕은 신이 세속에 나타난 화신으로 절대적인 경외의 대상이었기 때문에 절대적 통치권을 행사한다는 의미이다. 이것은 왕이 쏨뭇띠텝(Sommuttithep) 즉 현인신(現人神)으로 일반백성과는 전혀 다른 존재로 인식된다. 덕분에 태국에서 왕은 세속의 신으로 여겨져 경외의 대상이 됐다. 다시 말해, 왕은 신과 같은 지위에 있어, 왕은 절대적 통치권을 행사한 절대군주일 정당성을 가지게 된다.

본래 지극히 힌두적인 개념인 이 테와라차는 인도차이나 반도에서 아마도 힌두교 국가였던 크메르 제국에서 먼저 시작되었던 것으로 보인다. 9세기경 크메르의 자야바르만 2세(Jayavarman II)는 캄보디아 앙코르왕국 최초의 왕으로 그의 당시 인도네시아 자바에 근저한 해양제국 사일렌드라(Sailendra) 왕조에 종속되어 분열되어 있던 크메르를 통일하고 이를 통해서 사일렌드라에게 독립한 후 대제국을 건설하는 초석을 쌓는다. 이때 분열되어 있던 크메르를 통일하는데 그는 이 힌두적인 개념인 테와라차 즉 현인신(現人神)의 개념을 적극적으로 사용하였다. 이 덕분에 앙코르왕국은 동남아시아에서 대제국으로 성장하며 6세기가량 번영을 누리게 된다. 그러나 아유타야 군대는 1431년 6개월간의 포위 끝에 앙코르를 점령하고, 많은 앙코르의 학자와 지식인이 아유타야로 납치되면서, 이때 아마도 이 힌두적인 개념인 테와라차가 불교국가인 아유타야에 소개된 것으로 보인다.

테라와차로 인해 오늘날에도 왕은 일반인이 아닌 신적인 존재로 경외의 대상이 된다. 공공건물과 일반 거리는 물론 일반 가정집까지 국왕의 사진이 걸려 있다. 따라서 이러한 신적인 존재인 국왕에 대해 태국에서는 외국인이라 하더라도 모욕하는 말은 용납이 될 수 없으며 입에 담는 것 자체가 큰 불경에 해당한다. 또한 관광객이 관광지로 유명한 왕궁을 방문할 때, 비록 왕이 왕국에 부재하다 하더라도, 옷차림에 신경 써야 한다.

테라와차 역시 그냥 전통적인 것에만 머무는 것이 아니라 법적으로 이를 보장하고 있다. 바로 '왕실모독죄'가 그것인데, 태국 헌법 6조는 왕은 지존의 존재이며 누구도 왕의 지위를 침해할 수 없고, 왕을 비난하거나 고소할 수 없다고 규정하고 있다. 또 태국 형법 112조는 국왕, 왕비, 그의 상속자나 섭정을 비방하고 모욕하거나 위협하는 자는 형벌에 처하도록 되어 있다. 2016년 5월 집권한 현 군부정권은 집권 이후 지금까지 수십 명을 왕실모독죄로 실형을 선고했다. 왕실모독죄는 경미한 법이 아니며 예를 들어 최근 소셜미디어에 왕실을 모독하는 글을 올린 혐의로 법원이 남성 1명과 여성 1명에게 각각 30년, 28년 형을 선고하기도 했을 만큼 중대하게 다루어지고 있다.

한편 '왕실 찬가(*Phleng Sansoen Phra Barami* 왕의 위엄에 영광)'가 흘러나올 때는 현지인이나 외국인이나 모두 예의를 표해야 한다. 예를 들어, 태국의 모든 공연장이나 극장에서는 이 왕실 찬가가 공연 시작 전 연주되고, 모든 관객들은 이때 반드시 기립하여 예를 표하여야 한다. 테라와차는 이 '왕실 찬가'의 가사에서도 잘 드러난다. '왕실 찬가'의 가사는 다음과 같다.

우리는 왕의 충실한 종복, We, servants of His great Majesty

몸(머리)과 마음을 바쳐, prostrate our heart and head

경하를 드리세. to pay respect to the ruler

그는 한이 없는 덕목을 갖춘, whose merits are boundless

가장 위대한 시암, 위대한 차크리 왕조의 불세출의 군주, outstanding in the great Chakri dynasty, the greatest of Siam, with great and lasting honor

그의 자애로운 지도 아래서 우리는 보호받고 행복과 번영과 평화를 누립니다, We are secure and peaceful because of your royal rule, the result of royal protection is people in happiness and in peace

우리는 전하가 원하는 것을 바랍니다. 전하가 원하는 것은 무엇이든 이뤄지기를 바랍니다, 만세! May it be that whatever you will, be done according to the hopes of your great heart as we wish (you) victory, hurrah!

위의 가사를 보면, '왕실 찬가'는 마치 신 곧 왕에게 드리는 기도문을 연상하게 한다. 즉 왕이 곧 쏨뭇띠텝, 절대신성이라는 사실을 위의 찬가는 잘 보여주고 있는 것이다. 이와 같은 점은 입헌군주제를 택하고 있는 다른 많은 국가와는 차이를 보인다. 이러한 대조적인 예는 영국의 경우일 것이다. 영국의 경우도 여왕이 신앙의 옹호자라고도 불리는 영국 성공회의 수장으로 국가의 상징이자 종교의 중심으로써 어떤 면에서는 태국의 왕과 유사해 보인다. 다음은 영국의 국가 가사이다.

하느님, 저희의 자비로우신 여왕 폐하를 지켜 주소서.
God save our gracious Queen

고귀하신 저희의 여왕 폐하 만수무강케 하사,
Long live our noble Queen

하느님, 여왕 폐하를 지켜 주소서. God save the Queen

여왕 폐하께 승리와 Send her victorious

복(福)과 영광을 주소서. Happy and glorious

저희 위에 길이 군림케 하소서. Long to reign over us

하느님, 폐하를 지켜 주소서. God save the Queen

그러나, 이 영국 국가의 가사를 보면, 태국의 왕실 찬가처럼 일종의 기도문 형식인데, 기도의 대상은 여왕이 아니라 하느님이다. 이러한 점에서 태국의 왕실 찬가와 영국의 국가는 분명히 차이가 있다. 가사에서 알 수 있듯이 영국 여왕은 현인신(現人神)이 아니며, 기독교 하느님과 구별되는 존재로 오히려 하느님에게 여왕을 지켜달라는 내용은 여왕이 확실히 하느님의 아래에 있는 존재임을 보여준다. 즉 태국 왕의 테라와차와 같은 개념을 영국 국가에서는 찾아볼 수 없다. 여기서 중요한 점은 이러한 테라와차가 태국의 궁중무용인 콘(Khon)에서 아주 명확하게 드러난다는 사실이다.

문화 예술에서 왕실의 역할

다음으로 태국의 궁중무용인 콘을 살펴보기에 앞서 문화 예술에 있어 왕실의 역할에 대해 잠시 알아보자. 2011년 재편된 태국 정부 조직구성에서 문화예술을 담당하는 부서는 문화부로 모두 6개 실무국과 3개의 직속기관으로 구성되어 있다. 이들 6개 실무국은 정무국(Office of the Permanent Secretary), 기초예술국(Fine Arts Department), 문화진흥국(Department of Cultural Promotion), 종교국(Religion Affairs Department), 현대문화예술국(Office of Contemporary Art and Culture), 반딧파타나신 연구소(Bundipatanasilpa Institute)이고, 직속기관으로 마하 짜크리 시린톤 공주 인류학센터(Princess Maha Chakri Sirindhorn Anthropology Center), 영상자료원(Film Archive), 도덕성증진센터(Moral

Promotion Center) 등이 있다. 문화예술과 관련해서는 기초예술국, 문화진흥국, 현대문화예술국, 영상자료원 그리고 반딧파타나신 연구소가 정책과 지원을 주로 담당하고 있다.

이들 중 태국의 궁중춤과 직접 관련 있는 곳은 기초예술국과 특히 반딧파타나신 연구소이다. 기초예술국은 문화예술 특히 전통예술과 시각예술의 보존과 보급을 주로 담당하고 있다. 또 국립극장(1,000석)을 운영하며 정기적으로 예술국의 음악가와 무용가들의 공연을 올린다. 또한 로열 태국 전통무용단(Royal Thai Classical Dance Troup)의 이름으로 국내외에서 공연을 진행하고 있다. 한편 반딧파타나신 연구원은 국립전통공연예술학교이자 연구소로, 전통예술 특히 태국의 궁중춤의 연구, 교육 및 전수와 보급을 담당하고 있다. 이 연구소의 명칭인 '반딧파타나신'은 바로 태국의 현 국왕의 딸인 마하 짜크리 시린톤(Maha Chakri Sirindhorn) 공주의 이름으로 왕실의 문화에서의 직접적인 관심을 보여주는 예라 할 수 있다.

시린톤 공주는 현재 태국 사람들이 가장 사랑하는 사람 중에 한 사람일 것이다. 그녀는 푸미폰 국왕의 국가개발계획인 '왕실 프로젝트' 실현에 가장 열심이다. 10대 때부터 이미 푸미폰 국왕을 따라다니며 수자원개발 등 각종 프로젝트에 참여하기도 하였다. 그녀는 독신으로 왕 주위를 떠난 적이 없으며, 국민들로부터 절대적인 사랑을 얻고 있다. 태국 국민들은 시린톤 공주를 '쁘라텝(Phra Thep)'이라고 부르는데, 그 의미는 '천사 공주님'이란 뜻이다. 태국 왕실 왕위계승 서열 2위인 그녀는 푸미폰 왕의 결심에 따라서는 차기 여왕으로 지명될 수도 있다는 분석이다.

이러한 국민의 그녀에 대한 절대적인 지지는 각종 왕실 프로젝트 참여 이외에도 그녀가 태국 전통문화의 보호자임을 자처하고 있기 때문이다. 특히 그녀 자신은 태국 궁중 가면무 콘을 직접 배웠고, 공연하는 무용가인 동시에 보급에 힘쓰며 이를 후원하는데 가장 앞장서는 존재이다. 현재 태국 정국을 뒤덮고 있는 보수파 중심의 엘로우 셔츠와 쿠데타로 탄핵된 탁신 전 총리의 지지세력으로 대

많은 태국 국민의 존경을 받고 있는
마하 짜크리 시린톤 공주

부분 빈민층인 레드 셔츠 사이에서 그녀의 행보는 사실 초미의 관심이 되고 있다. 특히 보수파 혹은 기득권 세력들이 다수인 엘로우 셔츠 쪽은 태국의 전통문화의 수호자이자 왕실의 권위를 유지하고 있는 그녀가 여왕이 되길 바란다는 소문이 있을 정도이다. 이러한 왕위계승은 태국의 복잡한 정국과 맞물려 향후 태국의 미래에 중요한 변수로 작용할 것으로 많은 전문가는 추측하고 있다.

아무튼 이러한 그녀의 모습으로 인해 자연히 태국 사람들은 그녀가 태국의 전통문화의 가장 강력한 지지자이자 후원자로 인식하고 있으며, 이러한 이미지의 구축은 국가의 적극적인 홍보도 한 몫 한 것으로 추측된다. 그녀의 콘에 대한 지대한 관심과 후원에는 콘이

태국의 왕조의 정당성을 나타내는 테라와차를 정확하게 보여주고 있기 때문이기도 하다. 이러한 사실에서 궁중 가면무 콘은 단순히 궁중에 있는 하나의 예술 작품을 넘어서 태국의 전통문화 예술을 대표하는 가장 중요한 상징으로 사용되고 있음을 짐작할 수 있다.

태국의 궁중 가면무 콘과 테라와차

콘(khon)이란 무용수가 가면을 썼다는 의미로 가면무라는 뜻이다. 예전에는 모든 무용수가 가면을 썼다고 알려져 있지만 현재 신과 인간의 역할을 맡은 무용수의 경우 가면을 쓰지 않고 있다. 콘의 줄거리는 일종의 태국의 창조신화로도 취급받는 라마끼안(Ramakien)이다. 본래 라마끼안은 인도의 산스크리트로 된 힌두교의 대서사시 중 하나인 라마야나(Rāmāyaṇa)에서 유래한 것으로 짧은 역사를 가진 태국은 이 인도의 서사시 라마야나를 태국 왕조의 당위성을 설명하는데 사용한다. 인도의 서사시 라마야나는 또 다른 대서사시인 마하바라타(Mahābhārata)와 함께 인도의 2대 서사시 중의 하나로서 인도의 고대 역사에 있어서도 상당히 중요한 고전이라고 볼 수 있다. 라마야나는 기원전 3세기경의 인도의 시인인 발미키(Vālmīki)의 작품이라고 전해지고 있으나, 아마도 그는 편자(編者)였던 것으로 보이며, 이전에도 유사한 작품들이 보여 그 기원은 기원전 11세기까지도 거슬러 올라간다. 태국의 라마키엔은 내용은 인도의 라마야나와 전체적인 줄거리와 등장인물들이 상당히 일치하지만 불교국가인 태국의 실정에 맞게 각색된 부분이 있다.

여기서 중요한 점은 라마키엔 즉 궁중 가면극 콘이 태국왕조의 정당성과 대의명분을 나타내는 테라와차를 드러낸다는 점이다. 다시 말해서 태국의 국왕이 신(神) 혹은 부처의 환생으로 여겨지는 이유를 화려한 가면과 의상 등 시각적인 요소와 화려한 음악과 청각적으로 그리고 무용수들의 움직임을 통해 생생하게 보여준다. 이러한 사실은 태국에서 국왕을 칭할 때 '라마'라는 칭호는 바로 이 콘의 줄거리인 라마키엔에서 유래했다는 것에서 우선 알 수 있다. 즉 태국에서 왕의 칭호인 '라마'는 라마키엔의 주인공인 라마왕자를 가리킨다. 그런데 라마키엔에서 주인공 라마왕자는 바로 세상의 혼란을 평정하기 위해 비슈누가 환생한 인물이다. 힌두교에서 비슈누는 세상이 혼란해질 때 여러 가지 아바타라(Avatara)로 세상에 나타나 세상을 구원한다고 알려져 있다.

그러나 불교국가인 태국에서는 비슈누 대신의 라마왕자를 부처의 전생으로 변용하였다. 이는 마치 많은 힌두 설화가 자타카(Jataka 즉 본생경 本生經)라는 형식을 통해 부처의 전생담으로 변모한 것과 유사하다. 그러므로 태국의 왕은 테라와차의 개념에 의해 힌두교의 비슈누의 경우처럼 현세에 부처로써 환생하여 타락하고 혼란스러운 세상을 평안하게 한다는 것을 보여주는 것이 바로 궁중 가면극인 콘인 것이다.

이러한 콘과 왕권의 관계는 단순히 왕의 칭호인 '라마'에만 국한되지 않는다. 라마 왕자 즉 비슈누(Vishnu)가 타고 다니는 새가 한국에서는 금시조(金翅鳥)라 부르는 가루다(Garuda)이다. 가루다는 현재 태국

토사칸

의 왕실과 정부의 상징물로서 기관의 휘장 또는 지폐 등등 태국의
거의 모든 곳에서 찾아볼 수 있다. 즉 가루다를 상징물로 왕의 테라와
차 즉 현인신(現人神)임을 보여주며 태국인의 일상 곳곳에 침투하여
있다. 이 가루다의 상징에서 알 수 있는 것은, 비록 힌두의 전통이
불교 국가인 태국에서 현지에 맞게 많은 부분 병용되었음에도 여전
히 힌두교의 전통의 자취가 콘의 곳곳에 남아 있음을 알 수 있다.

또 한편 콘에 중요한 등장인물 중 하나로 라마왕자의 모험을 적극
적으로 돕는 원숭이 장군인 하누만(Hanuman)도 태국 곳곳에서 볼 수
있다. 마왕인 토사칸(Tossakan, 라마야나에서는 라바나) 역시 공항을 비롯
한 태국 전역의 주요 건물들 입구에 장식되어 있다. 주로 주요 건물에

불교의 사천왕처럼 입구에 서있는 토사칸은 관광지 태국의 주요한 상징 중 하나라 할 수 있다.

결국 태국의 왕권을 상징하는 테라와차는 콘에 의해 투영되어 설명이 되며, 콘에 등장하는 여러 상징과 이미지 그리고 내용들은 태국의 공공기관과 왕실의 상징과 휘장으로 적극 사용하고 있다. 이를 통해 태국에서 데라와차를 경험하는 경우는, 어떤 특수한 상황이 아니라 일상생활 곳곳에서 접하는 것임을 알 수 있다. 그러므로 태국의 정치, 역사, 문화 등 거의 모든 것에 중요한 연결고리가 되고 있는 콘의 위상은 단순한 궁중 가면무로 머무는 것이 아니라 태국을 이해하는 가장 핵심적인 요소임을 알 수 있다.

콘의 특징과 줄거리

기본적으로 콘은 무언극이다. 그러므로 모든 무용수는 몸짓과 춤으로 모든 것을 표현한다. 그렇지만 100명이 넘는 무용수와 긴 서사 이야기를 전개하기 위해서는 극 중간 중간에 누군가의 설명이 필요하며 그러므로 콘팍(khon pak)이라 불리는 일종의 낭송가와 합창단이 있다. 무용수들은 콘팍의 운율이 있는 시로 되어 있는 낭송에 맞추어 나 또 일종의 오케스트라인 피팟(Piphat) 반주에 맞춰 동작을 취하는 데, 콘팍의 낭송은 한국의 판소리에서처럼 관객들의 호응이나 공연 상황에 따라 대사가 추가되기도 한다. 그러므로 콘 가면극의 완성도는 무용수와 콘팍 그리고 반주 음악의 호흡 정도에 따라 달라진다.

라마

춤은 서사 이야기를 전개하기 위해 다분히 극적이며 마임적인 요소와 함께 전투 장면 등을 묘사하는 다양한 곡예가 선보이기도 한다.

콘(라마끼안)의 줄거리는 다음과 같다. 라마끼안 이야기는 영웅 라마와 부인 시따(Sita)가 주인공이다. 옛날에 마왕 토사칸(즉 라바나)은 악귀를 모아 신들을 조롱하고 세상에 질병을 퍼뜨려 사람들을 괴롭히고 있었다. 이에 비슈누 신은 토사칸을 제거하기 위해 환생한 것이 바로 라마 왕자였다. 풍요롭고 평화로운 왕국의 왕에게는 4명의 아들이 있었는데, 장남인 라마 왕자는 영특하고 용기가 뛰어났다. 라마 왕자가 16세 되었을 때, 한 도사가 나타나 라마 왕자에게 나쁜 짓으로 사람들을 괴롭히는 토사칸과 그의 부하 악귀들을 물리쳐 줄 것을 간청한다. 그리하여 라마 왕자와 그의 동생인 락슈만은 간청을 들어 토사칸을 물리치기 위해 세상으로 긴 여행을 떠난다.

여행 중, 라마 일행은 어떤 왕국에 도착하게 되는데, 이 나라의 국왕에게는 시따라는 아름다운 공주가 있었다. 그런데 용모가 아름답고 마음이 착한 시따를 여러 나라 왕자들이 다투어 왕비로 삼고 싶어 했다. 하지만 시따 공주를 아내로 삼기 위해서는 시바신의 신비의 활을 들어 쏠 수 있어야만 했다. 많은 이가 이 활을 쏘려고 시도했으나 모두 실패하였다. 그러나 라마 왕자는 가볍게 활을 들고 화살을

토사칸

하누만

당길 수 있어, 결국 시따와 라마는 결혼하게 된다.

그러나 음모에 의해 왕권을 물려받지 못하게 될 위기에 처한 라마는 부인과 이복형제 락수만와 함께 숲으로 들어가 지낸다. 어느 날 라마와 그의 동생 락수만이 사냥을 나갔을 때, 마왕인 토사칸이 그들을 유인하러 보낸 금사슴을 쫓다가 숲을 헤매게 되었다.

이때 시따의 미모에 반한 토사칸이 그녀를 납치하게 된다. 시따가 토사칸의 청혼을 거절하며, 순결을 지키고 있는 동안, 라마는 시따를 찾아 여행하며 다양한 모험 끝에 결국 원숭이들의 왕국과 공공의 적 토사칸을 물리치기로 동맹을 맺게 된다. 원숭이 장군 하누만 등 여럿의 도움과 활약으로 마침내 라마는 토사칸과 전쟁을 한다. 이 전쟁은 콘의 하이라이트가 되는 부분으로 다양한 전투 장면과 그 박진감으로 유명하다. 이 전쟁을 통해 라마는 토사칸을 죽이고 시타를 구한다. 그리고 세상은 평온하게 되었다.

콘의 역사

우선 태국 왕실의 각별한 관심과 보호 그리고 태국의 공연 예술 문화의 정체성과 자부심 그 자체인 궁중의 가면극인 콘은 본래 태국의 것이 아니라는 것은 충격적인 사실이다. 본래 콘은 지금의 캄보디아인 크메르 제국에서 전래되어 온 것이다. 당시 아유타야가 수코타이를 계승하여 태국을 통일한 후 마침 후계자 문제로 국가가 분열되어 극도로 쇠퇴하고 있던 크메르 제국을 줄기차게 공격하여, 결국 1431년에 아유타야는 크메르 제국의 당시 수도를 점령하기에 이른다. 물론 이 시대의 역사 기록들은 모두 유실되어 정확한 내용은 알 수가 없지만, 이때 크메르의 수준 높은 궁정 문화도 약탈하였는데, 이때 많은 크메르 궁정에 있던 악사들과 무용가들도 함께 납치되었던 것으로 알려져 있다. 이들이 태국 궁중에 전래된 것이 바로 일종의 탈춤인 콘(Khon)이다. 이전까지 태국은 그들의 고대 역사와 마찬가지로 세련된 공연예술을 가지고 있었다는 뚜렷한 증거가 없다. 그러나 태국의 공연예술이 크메르의 매우 정교하고 잘 다듬어진 공연예술을 약탈해 오는 순간 갑자기 그 수준이 높아지게 되었다.

15세기 당시 크메르 제국의 경우 종교에서뿐 아니라 사상, 예술 등 다양한 방면에서 인도의 영향을 받고 있었다. 이러한 것은 사실 태국의 궁중 춤인 콘에서 잘 드러난다. 콘의 토대가 되는 이야기는 힌두교의 대서사시인 라마야나로 원래 산스크리트어로 기록되어 있다. 여기서 주목할 점은 이 서사시가 태국의 종교인 소승불교를 배경으로 하고 있는 것이 아니라, 크메르의 종교였던 힌두교를 배경으로 하고 있다는 점이다. 본래 버마 지역을 통해 전래된 태국 불교는 나중에 스리랑카에 직접 학자와 승려들을 파견하여 그곳의 불교를 배워오기에 힘을 썼는데, 이 불교는 주로 고대 인도의 민중 언어인 팔리어를 기본으로 하고 있어, 당시 브라만들이 쓰던 언어인 산스크리트어와는 확실히 차이가 있었다. 그러므로 내용이나 배경에서 초기의 콘은 크메르 문명의 정수이지 타이 문화와는 상당히 이질적이었음을 알 수 있다.

그러나, 본래 지극히 힌두적인 개념으로 힌두교였던 크메르 제국의 통치 이념인 테와라차를 아유타야 왕조도 사용하기 시작하면서 이를 뒷받침할 궁중 가면극인 콘이 점차 중요한 위치를 차지하게 된 것으로 보인다. 이러한 힌두적인 것과 불교적인 것의 충돌은 나중에 차크리 왕조가 들어서면서, 라마 1세가 이 콘을 적극적으로 태국화하면서 극복하게 된다. 즉 태국에서는 '라마야나'를 '라마끼엔'으로 타이식으로 번안하여 부르고 있는데, 앞서 밝힌 것처럼 아유타야 시대부터 시대 상황에 맞게 변형을 거듭하며 현지화하였다. 라마야나와 라마끼엔의 가장 큰 차이점은 인도의 라마야나의 경우 비극으로 끝을 맺지만, 태국의 라마끼엔은 행복한 결말로 이야기를 마치고 있다는 점이 무엇보다도 가장 큰 차이점이라 할 수 있다.

이렇게 태국 현지에 맞게 변형이 된 이유는 현재 태국의 왕조인 짜크리 왕가와 관련이 있다. 탁신 왕이 재위 15년 만에 석연치 않은 이유로 처형을 당하자 그 뒤를 이어 라마 1세는 새로운 왕조인 짜끄리 왕조를 세우고 왕위에 오르게 된다. 이와 동시에 라마 1세는 새 왕조의 정당성을 세워야 할 필요를 느낀다. 아유타야 시대 말기와 톤부리 시대의 혼란기를 극복하고 정통성을 확보하기 위한 대안으로 그는 아유타야에서 사용되었던 전통들을 살리는데 이 중에는 테와라차의 개념과 이를 정당화할 궁중 가면극 콘의 부활도 포함되어 있었다. 그러나 소승불교 국가인 태국에서 힌두교 전통의 정수인 라마야나를 그대로 수용하기에는 여러 가지 난제가 따랐다. 그러므로 이 당시 많은 내용이 소승불교의 세계관에 맞춰 태국의 실정에 맞게 바뀌어졌다. 이런 점을 고려해 보면, 궁중 가면극 콘은 분명 태국 문화의 정수가 되고 있는 것은 틀림없는 사실이다.

태국 궁중 가면극을 비판적으로 바라보기

그러므로, 여기서 콘이 태국의 전통춤이라는 사실을 부정하려는 것은 아니다. 문제는 현재 태국에서 콘에 대한 해석이다. 현재 콘은 태국 궁중 예술의 정수로 왕실은 물론 일반인들과 관광객들에게 선보이고 있다. 그런데 여기서 콘을 소개할 때 거의 캄보디아에서 유래하였다는 사실을 정확히 밝히고 있는 경우는 드물고 마치 인도에서 직접 유래한 것처럼 소개하는 경우가 대부분이다. 이러한 사정에는 추측해 보건대, 아마도 테와라차에 대한 손상을 염려하는데 그 이유가 있지 않을까 생각해 본다.

이러한 점은 당악(唐樂)과 고려악(高麗樂)으로 구성되어 있고 일본 고유의 작품은 찾기 어렵다는 사실에서 일본 왕실의 각별한 보호와 더불어 일본의 전통 공연 예술 문화에 정점이라 간주되는 일본의 궁중 음악과 춤인 가가쿠(雅樂)와 흡사해 보인다. 특히 일본의 많은 학자가 가가쿠에서 한국과 관련한 내용들에 대해 침묵하고 외면하는 점은 매우 유사하다. 그렇지만 가가쿠에 절반 이상을 차지하는 고마가쿠(高麗樂)라는 장르가 엄연히 존재하다 보니, 한국에서의 유래를 완전하게 배제할 수 없다. 태국과 캄보디아의 경우처럼 약탈에 의한 것은 아니지만, 이 경우 여전히 몇몇 일본 학자들은 이를 고구려, 백제, 신라 그리고 발해에서 근거도 없이(단순히 일본서기의 기록에만 의존하여) 조공을 바친 것으로 종종 표현하기도 한다. 그렇지만 상당수의 일본 연구가들은 가가쿠가 중국과 아시아 대륙에서 전래되어왔다는 두루뭉술한 표현으로 얼버무리는 경우가 더 일반적이다. 여기에 일본이나 태국의 경우 바로 이웃 국가인 한국이나 캄보디아보다는 그래도 좀 더 멀리 떨어져 있고 큰 나라로 알려진 중국이나 인도에서 자신들의 문화 정수가 유래되었다고 얼버무리는 태도 또한 양국이 많이 닮아있는 것 같다.

　제2차 세계대전 패전 이전까지 일본의 왕을 신(神)이라 굳게 믿었던 일본이나 여전히 왕을 살아있는 생불(生佛)로 믿게 하는 테와라라차나 유사한 점이 많다. 이러한 사정은 일본의 경우도 여전히 크게 다르지 않은 것 같다. 태국과 같이 물리적인 방법은 아니지만 훨씬 교묘하게 왕실의 권위는 사회 곳곳에 침투해 있다. 즉 국가의 통합을 위해 절대적인 왕의 권위가 필요한 것은 태국이나 일본이나 다르지 않은 것 같다.

영국의 경우도 여왕이 국가의 수장으로써 국가 통합에 중요한 역할을 한다는 점에서 이들 두 나라와 사정이 비슷해 보인다. 그렇지만 영국의 경우 왕권이 일종의 민주주의에 대한 정 반대에 위치해 있는 상징적 의미도 있어 도전과 투쟁의 대상이 되기도 한다는 점에서 이들 나라와는 분명한 차이가 있다. 이러한 모습을 잘 보여 주는 사례는 바로 해마다 있는 '여왕의 연설(Queen's Speech)' 행사이다. 여왕은 매년 가을 의회 회기 개막에 맞춰 의회가 앞으로 처리할 입법안들을 발표하는 의회 개원연설을 하게 된다. 여왕은 당연히 연설할 내용을 사전에 의회와 협의한다. 여왕이 의회로 행차할 때 화려한 복장을 한 호위대를 대동하고 네 마리의 백마가 끄는 멋진 마차를 타고 버킹엄 궁에서 의사당으로 향하는데 이 행렬은 화려한 볼거리다. 여기까지는 여왕의 권위를 높인다는 점에서 영국도 태국이나 일본과 별반 다르지 않은 것 같다.

그렇지만 영국의 경우 이 화려한 예식이 단순히 왕실의 권위를 보여주는 것에만 의미가 있는 것이 아니라는 점에서 흥미롭다. 그것은 '여왕의 연설' 예식에 있어 가장 유명한 전통 중 하나는 '여왕이 의사당에 가 있는 동안 하원의원 한 명은 버킹엄 궁에 '인질(Hostage Member of Parliament)'로 잡혀 있는 것이다. 현재는 오래된 예식으로 인질로 잡혀 있는 의원의 얼굴에 장난기가 가득하지만, 본래 이 전통은 입헌 군주제가 확립되기 전 왕과 의회가 서로 치열하게 대립하던 찰스 1세(1600~1649) 때, 의회에서 왕이 자신의 궁으로 안전한 귀환을 보장받기 위해 시작된 제법 살벌한 내력이 있다. 결국, 당시 의회와 대립하던 찰스 1세는 청교도 혁명(혹은 영국 내전)을 통해 결국 대역죄로 사형을 선고받았다. '여왕의 연설' 행사 속 여러 가지 예식은 당시 의회와 왕권의 대립을 잘 보여주는 여러 사소하고 우스꽝스럽기까지 한 행동들이 전통으로 이어져 그대로 현재까지 내려져 온 것이다. 즉 이 예식은 과거 왕권과 의회의 긴장감을 연출하여 영국인들에게 현재 자신들이 누리고 있는 민주주의라는 것이 그냥 주어진 것이 아니라 왕을 비롯한 기득권에 대한 피의 투쟁을 통해 쟁취한 것임을 끊임없이 상기시키는 역할을 한다.

이러한 점에서 영국에서의 왕의 권위는 태국이나 일본에서의 왕의 권위와는 상당히 차이가 있다고 할 수 있다. 이들 나라 모두 왕의 존재를 통해 국가의 통합을 이루는 것은 유사하지만, 태국이나 일본은 영국과는 달리, 왕은 생불(生佛)이거나 혹은 인간 신(神)으로 경외와 복종의 대상일 뿐 어떠한 비판도 허락하지 않는다. 바로 이런 종교에서나 볼 수 있는 경직되고 엄숙한 왕권의 신격화가 왕의 절대적 권위를 믿는 순결한 믿음을 강조하는 쪽으로 발전하는 것은 자연스럽다.

이러한 엄숙하고 신격화된 왕권은 진실이나 진리보다도 앞선다. 왕의 권위를 위해서라면 역사를 왜곡하는 것쯤은 문제가 되지 않고 소극적으로는 그냥 침묵해 버린다. 비록 일본의 왕은 태평양 전쟁 이후 인간 선언을 하며 신의 자리에서 인간의 자리로 돌아왔지만, 여전히 위안부 문제, 야스쿠니 신사 문제, 역사 왜곡의 문제, 독도 문제 등등 현대 일본 사회의 문제들과 금기들의 가장 근본에는 천황제가 있음은 주지의 사실이기도 하다.

신성하고 존엄한 왕과 밀접한 관련이 있는 궁중 춤과 음악은 바로 국왕의 권위 그 자체이다. 이에 대해 어떠한 외부적인 요인이 개입되어서는 안 되며 오로지 순결만이 요구된다고 하는 것은 당연해 보인다. 이러한 현상은 오직 일본과 태국에만 국한된 것일까? 우리의 지난날을 생각해 보면, 군사정부 시절 모든 가치 앞에 애국과 애족을 앞세우며, 국가와 독재자가 결국 사이비 신앙 비슷한 대상이 되었던 것과 크게 다르지 않은 것 같다.

제3장

태국 룩찐들의 정체성과 춤 문화

이번 장에서는 최근 중국의 부상과 함께 급격하게 변화하는 국제 정세 속에서 이에 따른 동남아시아 특히 태국의 중국인 출신 후손들의 정체성에 대한 변화에 대해 살펴보고자 한다. 여기서 이러한 정체성 변화에 춤이 중요한 역할을 하고 있어 특히 주목된다고 하겠다. 이를 통해 태국을 비롯한 동남아시아의 상황을 좀 더 자세히 이해할 수 있을 뿐 아니라, 이 지역에서 중요한 경제적 사회적 역할을 담당하고 있는 소위 '화교(華僑)'라 불리는 사람들의 독특한 문화에 대해서도 살펴볼 수 있을 것으로 기대한다. 특히 태국에 거주하고 있는 '화교'들의 경우 타지역 '화교'들과 여러 면에서 차이점을 보이고 있어 이 또한 눈여겨 볼 대목이다.

현재 태국은 중국 출신 후손들의 수가 약 700만 명 정도로, 인도네시아, 말레이시아와 더불어 화교가 가장 많은 3국 중 하나이다. 그리고 동남아시아 국가들 가운데에서 태국의 중국 출신 후손들은 현지인들과 가장 잘 동화된 사례에 속한다고 평가되고 있다. 이런 의미에서, '외국체류 중국인'이란 뜻을 지니고 있는 '화교(華僑)'란 용어나 중국인 상인을 뜻하는 화상(華商)을 태국의 소위 '룩찐(luk cin: 중국인 子息)' 혹은 '콘찐(khon cin: 중국인)', 엄밀히 말하면 힐(Hill 1992: 315)이 지적한 것처럼, 중국계 태국인들에게 적용하는 것은 적절치 못하다. 그 것은 다른 동남아시아 국가들에서 흔히 볼 수 있는 '화교'의 경우와는 많은 부분에 있어 차이점이 있기 때문이다. 역사적으로 현지 태국 사회와 갈등이 아주 없었던 것은 아니지만, 태국의 룩찐들 중 상당수가 태국에서 태어나 태국식 교육을 받고, 태국어를 모국어로 사용하며, 특히 '태국 사회의 구성원' 즉 '태국의 국민으로서 살고 있다는 점'은 다른 동남아시아의 화교와 큰 차이점이라 하겠다.

태국을 비롯한 동남아 국가들에서 중요한 위치를 점하는 중국 이민자 출신 후손들에 대한 연구와 논의는 오래전부터 이미 활발한 편이었다. 이들의 명칭 문제를 비롯하여 그들의 정체성, 중국의 화교에 대한 입장, 화교들의 역사와 정치 경제, 그리고 동남아시아 국가들의 정부의 화교에 대한 태도와 정책과 같은 것들이 그 주된 논의의 주제들이었다. 특히 최근 들어 중국의 급격한 경제 성장과 함께 높아진 국제적인 위상은 많은 동남아시아 국가의 중국에 대한 관심을 불러 일으키기에 충분한데다가, 또 역으로 정치적 혹은 경제적 이유로 중국의 동남아시아에 대한 관심 역시 날로 증대되면서, 동남아시아 지역에 거주하고 있는 화교에 대한 중요성이 세삼 부각되고 있는 것 같다.

이러한 증가한 관심 가운데 동남아시아 지역의 화교 사회 내부에서도 변화의 움직임들이 감지되곤 한다. 이러한 화교 사회의 자기

인식 변화는 태국이라고 예외는 아니다. 물론 여기에는 중국이 중요한 무역 상대가 되고 있는 상황에서 경제적 이익과 밀접한 관계가 있는 것은 주지의 사실이다. 그러나 좀 더 자세히 살펴보면, 태국의 경우 그중에 가장 눈에 띄는 것으로는 중국 출신 이민자의 후예라는 그들의 정체성에 관한 재인식과 중국을 자기 뿌리로 생각하는 인식이 점차 증가하고 있다. 이는 이전에 룩찐들이 자신을 태국인으로 인식했던 것과는 차이가 있다. 이러한 자기 정체성의 재인식은 태국의 룩찐들 사이에 언어(중국어)에 대한 학습 열기는 물론이거니와 종종 중국 문화에 대한 관심 등으로 표출되고 있다. 그리고 이러한 중국인으로서의 뿌리 찾기의 중심에는 중국 민속춤이 큰 역할을 하고 있다.

태국의 룩찐과 동남아시아 국가들의 화교의 차이점

태국의 룩찐들은 동남아시아 대부분의 화교들과 여러 가지 면에서 확실히 차이가 있다. 예를 들어 이웃 국가인 말레이시아에 거주하는 화교들의 경우 말레이사아의 국어인 말레이어를 학교에서 배우기는 하지만, 말레이어를 모국어로 쓰는 경우는 극히 드물다. 게다가 말레이시아 화교들의 경제적 역사적 이유에서 비롯된 갈등으로 현재까지도 말레이계 현지인들과 종종 마찰을 빚고 있다. 결국 이러한 마찰은, 1965년 말레이시아가 화교가 인구의 우위를 점하고 있는 싱가포르 주를 말레이시아 연방에서 쫓아내기로 결정하는 것에 이르러, 오늘날의 싱가포르가 탄생한 주요한 원인이 되기도 하였다.

인도네시아의 경우도 말레이시아와 그 사정이 크게 다르지 않은 것 같다. 네덜란드에서 독립을 직후부터 인도네시아인들을 중심으로 한 정부는, 인도네시아 내의 화교들에 대한 대대적인 탄압을 시작하여 공공장소에서 중국어 사용이 즉각 금지되었고, 1965년 쿠데타 당시 반공산화 정책 중 수많은 화교들이 공산주의자로 몰려 살해되기도 하였다. 수하르토 집권기(1968~1998)에 화교 사회에 대한 통제가 특히 심하였는데, 화교들의 공직 진출 금지는 물론 심지어 공공장소에서 중국 문화 관련 행사 같은 것조차도 금지시켰다. 이러한 금지 조항에는 당연히 춘절(春節)에 중국 춤을 추는 행위 같은 것도 포함되었다. 이러한 정책들은 화교의 입장에서 볼 경우, 일종의 민족문화말살 정책으로 비추어질 수 있는 사항이다.

화교에 대한 적대적인 태도는 비단 정부만이 가지고 있는 것은 아니라는데 문제가 있다. 1998년 수하르토의 퇴진과 맞물려 일어난 민주화 운동은 어느 시점엔가 갑자기 방향이 바뀌어 반화교 운동으로 돌변하였는데, 그 와중에 수많은 화교들이 현지인들에게 처참하게 학살되었고, 또 그들의 상점들 또한 공격의 대상이 되었다. 이는 정부뿐 아니라 일반 인도네시아 현지인들의 화교에 대한 감정을 잘 보여주는 사건이라 하겠다. 최근에 와서 인도네시아에서 이러한 화교에 대한 차별 정책은 비교적 완화된 편이긴 하지만, 그렇다고 화교에 대한 차별이 완전히 해소된 것은 아니다. 여전히 인도네시아서 화교들은 인도네시아인으로서 정치에 참여할 수 없고, 오직 화교의 신분으로만 정치에 참여할 수 있다. 이런 이유들로 화교가 중심이 된 싱가포르를 제외한 대부분의 동남아시아의 경우 현지인과 화교가 서로 섞여 어울리는 일은 드물다.

반면에 태국의 룩찐들은 여타 다른 동남아시아 국가의 화교들에 비해 현지 사회와 갈등을 겪는 경우가 적다는 점이 크게 눈에 띈다. 우선 대다수의 룩찐들이 태국어를 모국어로 사용한다는 점에서 큰 대조를 보인다. 당연히 룩찐들의 경우에도 다른 이웃 국가들과 유사하게 태국의 경제 분야에서의 상당한 위상을 점하고 있다. 태국에서는 경제의 모든 분야에서 룩찐들이 차지하는 비중과 역할은 상당하다. 태국에서 상위를 점하는 기업그룹 중 제1위인 왕실재산관리국 소유의 사이암시멘트를 제외한 나머지 그룹은 거의 모두 룩찐기업이다. 황실 기업을 제외한 태국 제일의 기업인 CP그룹 회장 다닌 차와라논(謝國民) 역시 룩찐 출신이다. 사실 룩찐들이 상업 및 제조업의 총자본 중 약 90%를 지배하고 있어, 룩찐을 제외하고 태국의 경제를 논하는 것은 사실상 불가능하다고 할 수 있다.

그러나 다른 주변 국가들과 다른 점은 경제 분야 이외에도 태국의 정치와 문화 등 다양한 분야에서 오래전부터 룩찐들이 활발하게 진출하고 있다는 사실이다. 정치 쪽만 잠시 살펴보아도 이러한 주변 국가와 그 차이점을 쉽게 발견할 수 있다. 태국 룩찐들의 정치 참여는 다른 나라의 화교들과 비교할 수 없을 정도다. 우선 태국에서 룩찐들은 태국인으로 경선에 참여한다. 그렇다고 태국의 정치인들은 자신들이 룩찐라는 사실을 감추지도 않는다. 즉 태국에서 룩찐들의 중국인 출신 배경은 정치 사회 참여에 있어 전혀 걸림돌이 아니다. 우리에게 잘 알려져 있는 태국의 민주화를 위해 노력했던 짬롱 시므앙 전방콕 시장 같은 이들이 중국인 계통이라는 사실이 이러한 것을 잘 보여주는 사례라고 할 수 있다. 대외적으로 잘 알려진 짬롱 전 시장의 경우를 제외하더라도, 태국에서는 1932년부터 1990년까지 룩찐계통의 총리가 총 8명이나 되었고, 1990년 이후에는 그 빈도가 더하여 현재까지 총 6명의 룩찐계통의 총리가 배출됐다. 총리 이외에 정치인들의 경우도 이와 크게 다르지 않다. 1991년 태국 의원 357명 룩찐 출신이 거의 100명에 달했으며, 당시 정부 내각의 구성원에도 룩찐 계통이 반 이상을 차지했다. 2005년 탁신 총리의 내각 중에는 무려 70%가 룩찐 출신이었다. 이와 같은 사실에서 정치 분야에서 룩찐들의 영향력이 어떠한지 충분히 짐작해 볼 수 있다. 즉 태국의 경우 이들 중국 이민자 출신들이 경제 분야 이외에도 태국 사회에 미치는 영향력은 막강하다고 말할 수 있다. 이상에서 태국은 동남아시아 국가 중에 중국 출신 이민자(화교)가 가장 깊숙이 정착한 나라인 것을 알 수 있다. 그렇다면 어떤 이유에서 태국의 경우 다른 주변 나라들과 차이점이 있는 것일까? 이에 대해서는 여러 가지 이유가 있겠지만, 우선 역사적인 맥락에서만 국한하여 살펴보자.

룩찐의 간략한 역사와 문화

태국의 룩찐들의 역사는 학설이 분분하다. 그중 대표적인 학설로는 원나라 시절인 12세기 말 일부 남송 지역의 호족들이 몽골의 침입을 피해 남하했다는 것이다. 이들은 소규모 종족들로 나뉘어져 있던 태국 땅에 와서 원주민들을 지배하며 자리를 잡은 뒤, 곧 태국 최초의 왕국인 수코타이 왕국을 세웠다는 주장이다. 수코타이 왕조가 실제로 중국 피난민들이 세운 것인지 현재까지 확실하지 않지만 수코타이에 이은 1767년 수립된 톤부리 왕조의 경우 그 건국자인 탁신 왕은 룩찐이 거의 확실한 것 같다. 그는 버마의 지배에서 태국을 구한 영웅으로 추앙받고 있는데, 사실 중국인 이주민 후손으로 본래 이름은 鄭昭였으나 후에 鄭信으로 개명하였다고 알려져 있다. 여기서 鄭信의 태국어 이름이 바로 '탁신'이다. 그러나 곧 태국의 영웅이었던 톤부리 왕조의 탁신 왕이 정신이상을 일으켜서 폐위되었다. 그리고 그의 가장 친한 친구이자 부하인 짜크리 쭐라록 장군이 왕으로 추대되어 랏타나꼬신 왕조를 세운다. 그런데, 그의 집안도 본래 룩찐 출신으로 중국 이주민 후손으로 알려져 있다.

이 왕조는 짝끄리 왕조로도 불리는 현재 태국의 왕조이며, 그의 5대손이 지금의 라마 9세인 푸미폰 국왕이다. 현재 태국에서는 국왕과 왕가에 대한 언급 자체가 불경한 것으로 간주 되고 있어, 국왕의 혈통에 대해 언급하는 자체를 피하고 있지만 현 푸미폰 국왕과 가족은 룩찐들의 가장 큰 명절인 춘절(春節) 행사 등 룩찐들의 축제에 빠짐없이 참석해 축하해 준다. 이러한 사실에서 알 수 있듯이, 비록 공식적인 것은 아니지만, 현재 태국의 왕실은 그 혈통상 중국과 밀접한 관계가 있다는 것을 짐작해 볼 수 있다.

태국의 룩찐들은 방콕, 치앙마이, 핫야이 등 대도시에 몰려있는 편이다. 룩찐의 80%가 그들의 조상이 중국의 광둥 지역이며, 이중 초우산(潮汕) 지역 출신이 가장 많다. 이들 대다수의 룩찐들은 태국이 서구화와 근대화에 집중하기 시작하는 쭐라롱껀 왕(1868~1910년 재위) 시절 본격적으로 집단 이주해 왔다. 당시 태국에서는 왕실이 주도하는 근대화 작업으로 막대한 노동력이 필요했고, 사회적으로도 지배층과 노예층 사이에서 자유롭게 활동할 수 있는 평민계급이 필요하였다. 이러한 분위기 속에, "태국 말을 하며 태국 이름을 가진 자는 모두 자국민이다"라며 쭐라롱껀 왕은 적극적으로 룩찐들을 국민으로 받아주었고, 이때 온 중국 이주민들의 후손들이 현재의 태국 지배층의 상당 부분을 구성하고 있다. 이러한 점은 다른 동남아시아에서는 사례가 드문 경우로 우선 태국 왕실의 중국인에 대한 우호적 태도가 그 배경에 있었음을 추정해 볼 수 있다.

그러나 가장 큰 원인으로 꼽을 수 있는 것 중 하나는, 아시아에서 일본과 함께 유일하게 식민지 경험이 없이 독립을 유지하고 있었던 태국의 상황과 맞물려 있었기 때문이 아닌가 짐작해 볼 수 있다. 영국이나 프랑스 그리고 네덜란드의 식민지였던 여타 동남아시아 지역의 경우 대부분의 중국 이민자들이나 혹은 인도 출신 이민자들이 식민지 정책에 의해 현지인들의 의견이나 요구와는 상관없이 오로지 서구 열강의 식민지 이익에 의해 이주되었다. 일반적으로 '쿨리(苦力, Coolie)'로 불리는 이들 이민자는 처음 이주하였을 당시 대부분 일용직 육체노동에 저임금으로 가혹한 노동을 강요당하였다. 그러나 곧 식민지 상황에서 이들 중 상당수가 식민지 지배자와 식민지인 사이의 중간 계층으로 자리매김하며, 식민지 지배자로부터 세금 징수 업무를 대행하는 것으로 자본을 축적하기 시작하였고, 점차 일정 수준의 독립된 사법권을 보장받게 되었다. 그리고 이러한 경제적 사회적 위치를 바탕으로 영국과 네덜란드의 동인도회사의 아시아 무역에 관여하며 점차 사회의 지배계층에 편입된다.

　서구 열강들 특히 영국과 네덜란드의 경우 대부분이 이들 식민지 지역을 직접 통치하는 방식이 아닌, 현지의 협조자들을 통해 지배하는 방식을 택하였는데, 여기서 현지 협조자 중 상당수는 이들 중국 이주민 출신이었다. 본래 이들은 당시 중국의 정치적 혼란과 경제적 이유에서 이주한 것으로 현지에 정착하는 것에 크게 관심이 없었다. 그러나 1949년 중국본토가 공산화되고 대다수의 화교는 귀국을 포기하면서, 현재 이들 지역에 남게 되었다. 그러나 이러한 중국계 이주민들과 그의 후손들의 행태는 현지인들 즉 식민지인들에게는 서구 열강보다 더 증오의 대상이 되기 쉬웠다. 특히 세금 징수와 같은 현지인들의 직접적인 삶과 밀접한 관계 속에서 만나는 중국 이주민들은 이들 눈에 좋게 보일리가 없을 것이다. 현지인들의 눈에는 상당수의 화교가 자신의 조국과 민족을 배신한 매국노의 이미지로 비추어지기도 하였다. 그러나, 이와는 대조적으로 태국의 경우 독립을 유지하면서 태국의 필요와 중국 이주민들의 이해가 맞아떨어져 발생한 이들 룩찐들에 대한 감정은 다른 동남아시아의 국가들과는 많이 다를 수밖에 없다고 생각해 볼 수 있다.

　그렇다고 태국 사회가 이들 룩찐들에 대해 항상 호의를 베풀었던 것만은 아니다. 중국 출신 이민자들이 경제 분야에서 점차 그 역할이 두드러지기 시작하자, 현지인들과 태국 정부의 반응도 달라지기 시작하였다. 특히 1920년대 후반부터 시작된 세계 대공황과 함께 불어닥친 타이 민족주의가 전면에 등장하면서 룩찐에 대한 태국 현지인의 태도가 변화하기 시작하였다. 특히 1938년 일종의 태국의 파시즘을 표방한 피분 송크람 정부의 등장 이후 강력히 실시된 반중국인 태국 민족주의적 경제정책으로 룩찐들의 경제는 크게 위축되었다. 룩찐들이 그 시설의 대부분 장악하고 있던 분야인 정미소에 최소한 50% 이상의 태국인들을 고용해야 한다는 법이 이러한 예 중 하나였다. 즉 태국의 현지인들과의 협조 없이는 경제활동에 큰 제약이 따르게 되었다. 또한 상업적 간판에 반드시 태국어가 포함될 것을 의무화했다.

이러한 상황에서, 룩찐들은 적극적으로 태국 정부와의 타협을 모색하는 한편, 이 당시 많은 중국인이 태국국적을 취득하여 태국으로 귀화하고, 이름 또한 태국식으로 바꿨다. 즉 이를 계기로 룩찐들의 급격한 태국화가 이루어졌다. 또 다른 한편으로 이러한 규제들은 태국의 룩찐들을 강하게 결속시키는 원인도 되어 많은 친목단체가 설립되었고, 이들 친목단체를 중심으로 룩찐들의 이익을 대변하기 시작하였다. 즉 룩찐 사업가들이 그들의 사업을 각종 규제조치와 타이 민족주의 정책으로부터 자신들을 보호하기 위해 태국 정치엘리트들과의 긴밀한 유대관계를 발전시키기 시작하였다. 이러한 단체들은 현재에도 경제 분야는 물론 정치 문화적으로 그 영향력 막강하다. 그리고 이러한 단체들은 현재 태국에서 룩찐들의 정체성을 지켜내는 문화의 중심이 되기도 한다. 여기서 흥미로운 사실은 이 당시 타이 민족주의를 주도하였던 피분 송크람 수상 역시 중국계였다는 점이다.

룩찐의 재중국화 경향

앞서 밝힌 바와 같이 태국의 룩찐들은 다른 나라 화교들과 여러 면에서 차이가 있는데 그중 가장 큰 차이점으로 꼽을 수 있는 것은 이들 대부분이 거의 중국말과 글을 모르고 태국 이름을 사용하며 완전히 태국인이 되었다는 것이다. 일부 노년층을 제외하고, 고등교육을 받고 지배층에 있는 룩찐들은 조상이 중국에서 내려오긴 했지만 자신들은 태국인이라고 주장한다. 2000년 인구센서스에서 본인이 중국인(화교)이라고 써 낸 사람은 14%에 불과하다. 룩찐들은 경제적으로 태국에서 막강한 부를 소유하고 있을 뿐만 아니라 주요 산업계와 정치계, 학계 등의 지배층을 아우르고 있다. 그러나 다른 동남아시아 국가들처럼 별도의 화교 상권이 구체적으로 구분되어 있지 않다. 그들은 태국인화하여 스스로 태국인이라고 자부하며 태국 경제와 정치를 지배하고 있다.

이러한 태도는 최근 들어 변화의 조짐을 보이고 있다. 룩찐의 현재 이슈는 재중국화이다. 태국 현실에 적응하기 위해 이름까지 태국식으로 바꾸기까지 했던 그들은, 요즘 들어 명함에 한자 이름을 태국 이름과 함께 소개하고, 중국어도 다시 배우기 시작하였다. 당연히 룩찐들의 이러한 재중국화의 가장 큰 원인은 중국과의 유대 강화이다. 이러한 재중국화의 중심이 되는 있는 곳들은 대부분 룩찐들의 친목단체 즉 소위 '사단(社團)'들이다. 이들 단체는 동향, 친족, 방언, 동종업계 등을 중심으로 만들어진 것이다. 이러한 친목단체들은 태국의 민족주의 정책이 한창 활발하였던 시기에 급격하게 수가 늘기 시작하여, 룩찐들의 이익을 대변하는 단체로 현재까지 이르고 있다. 그리고 상당수의 이들 단체는 비즈니스 네트워크에 사용되어 국경을 넘어 다른 나라의 유사한 화교 친목단체들과 연결이 되어 있다. 이러한 단체로 태국에서 유명한 것은 초저우(潮州)회관, 커수(客屬)총회, 광둥회관, 태국종친연합회, 화교보덕선당 등을 꼽을 수 있다.

일반적으로 젊은이들이게 이러한 친목단체들은 노인들의 사교 모임 장소로 최근까지 인식되어 왔던 것이 사실이다. 그러나 중국의 동남아시아 지역에서의 영향력 확대에 화교들의 네트워크의 중요성이 확인되면서, 이러한 단체의 인식 변화는 이전과 확실히 다르게 되었다. 이러한 시발이 된 것은 중국의 국무원이 1993년 7월 19일 "중화인민공화국 귀국교포 및 본국 거주 해외동포 가족보호법 시행방법"을 선포하면서부터이다. 이 시행법을 통해 태국의 룩찐들은 중국 정부로부터 다양한 혜택을 받게 되는데, 이러한 혜택은 이들 룩찐들의 사업과 밀접한 관련을 맺으며 점차 룩찐들의 재중국화를 가속화하기 시작하였다. 그러나 단순히 정치 경제적 측면에서뿐 아니라 룩찐들의 자기 정체성을 재확립하는 중심으로 이러한 단체들의 역할이 넓혀지고 있다. 다시 말해서, 중국의 경제적 정치적 굴기와 더불어 중국과의 관계가 매우 중요하게 된 오늘날, 이러한 단체들은 태국 젊은 룩찐들에게 단순히 정치 경제적 이익을 넘어선 새로운 문화의 중심으로 인식되기 시작하였다.

룩찐들의 문화와 춤

룩찐들은 여타 다른 동남아시아 국가들의 화교들에 비해 현지화 즉 태국화가 많이 이루어졌다고는 하지만 그들의 잠재적(민족) 정체성은 여러 곳에서 여전히 드러난다. 예를 들면 종교 부분에 관한 것이 이러한 정체성 확인에 중요한 단서가 되곤 한다. 대부분의 룩찐들의 종교는 태국의 현지인들과 같은 불교이다. 그러나 좀 더 자세히 이를 살펴보면, 이들이 믿는 불교는 태국의 상좌부 불교(上座部佛敎)와는 다른 동북아시아에서 주로 전파된 대승불교이다. 그러나 룩찐들의 불교는 배타적이기보다는 절충주의적이다. 세부적 부분에서 분명 그 차이들이 존재하기는 하지만 상당 부분 태국의 상좌부 불교의 형식과 내용도 함께 절충하는 경우가 많다. 즉 사업의 개업식이나 중요한 행사에 태국의 현지인들처럼 유명한 태국 사찰의 승려를 모시어 축하하는 것은 아주 흔한 광경이다. 이러한 종교적 태도에서 알 수 있듯이 룩찐들은 태국적인 것과 중국적인 것 모두를 아우르는 이중적인 정체성을 보이고 있다.

좀 더 중국적인 특성들을 중심으로 이를 살펴보자면, 룩찐들은 태국의 현지인들과 구별되는 것 중 하나로 태국인들의 불교사원에서는 볼 수 없는 전형적인 대승불교의 상징이라 할 수 있는 보살에 관한 신앙이 있다. 게다가 도교의 여러 신들도 불교에 습합되어 있는 경우를 찾아볼 수 있는데, 대표적인 도교 신앙으로 관우(關羽)나 마조(媽祖)와 같은 것들이 있다. 또 다른 차이점은 장례에 대한 관습이다. 태국의 경우 불교의 영향으로 현지인들의 거의 대부분이 화장을 하는 것

태국 화인 용춤

에 반하여, 상당수의 룩찐들은 매장을 선호한다. 또 조상 숭배에 관한 것도 현지인들과는 차이점이라 할 수 있다.

그러나 최근 들어 룩찐들 사이에서 중국어의 열풍과 함께 점차 관심을 받고 있는 것은 중국 민속춤이다. 대표적인 춤으로는 양거(秧歌)와 용춤(龍舞), 사자춤(獅子舞) 같은 것들을 들 수 있다. 이들 춤은 중국에서 오랜 전통풍습으로 민간에서 연행되오던 것들로 대표적인 중국의 민속춤이다. 양거(秧歌)는 전형적인 중국 민간의 전통춤으로, 본래 밭갈이와 모내기에 사용되던 노동 춤이었다고 한다. 이후 희곡, 무술 등 기예와 형식을 받아들여 오늘날까지 전승되어오는 춤으로, 중국에서는 2006년 국가 무형문화재로 등재되었다. 이 춤은 한 줄 또는 두 줄로 나눠 적게는 십여 명에서 많게는 수백여 명까지 참가한다. 이 춤은 매우 다양한 동작들로 구성되어 있으며 기예와 무술의 영향을 받아 그 움직임이 매우 힘찬 것이 특징이다. 북소리의 리듬에 맞추어 대형을 여러 형태로 변형하며 춤사위도 다양하게 더해진다. 이 춤의 활달한 동작과 반주 음악은 잔치 분위기를 북돋을 수 있어서, 중국 민가에서 크게 환영받았다. 또 다른 양거춤의 특징은 중국의 전통 희곡의 형식을 차용하여 춤꾼들이 과거 이야기나 전설 속의 인물들과 현실 생활 속 인물로 분장을 한다. 이러한 분장은 지역마다 차이가 있는데, 특히 태국의 경우 중국의 유명한 소설인 수호지(水滸誌)에 나오는 인물들로 분장을 하는 경우가 대부분이다. 이 춤은 대중적인 면모와 함께 누구나 쉽게 배우고 즐길 수 있다는 민속춤의 특징들을 고스란히 담고 있다.

용춤의 경우, 중국에서 용을 숭배하는 신앙에서 비롯된 것으로 본래 이 춤은 국태민안(國泰民安)의 의미를 가지고 있다. 이 춤은 참여하는 여러 명의 사람들이 긴 나무 대를 위 아래로 휘저으며 용의 움직임을 다채롭고 생동감 있게 표현하는 것이 특징이다. 여기서 이 춤이 중요한 것은 바로 중국인들은 자신들을 '용의 자손'으로 믿고 있어, 이 춤은 '중국인으로서의 정체성'을 보여주는 가장 중요한 춤이 되고 있다는 점이다. 다시 말해 이 춤은 '용의 자손'으로 룩찐의 중국인으로서의 정체성을 상징적으로 보여준다. 여기에 더해서 한 가지 집고 넘어가야할 사실은 이 태국 용춤의 경우 이 춤에 참여한 사람들은 춤을 전수받고 연행할 때, 정화(淨化) 의식 차원에서 소고기나 자라와 같은 음식을 금하는데 이러한 점은 중국에서는 살펴볼 수 없는 것으로, 이것은 태국의 문화가 습합된 경우라 할 수 있다.

한편 사자춤의 경우 대부분의 룩찐들의 출신지인 광둥성의 사자춤을 공연한다. 이 광둥성 사자춤은 전형적인 중국 남방 계통의 춤으로 두 사람이 한 조를 이루어 추는데, 특히 전설적인 남파(南派) 무술의 대가인 황비홍(1847~1924)이 이 춤을 잘 춘 것으로 유명하다. 이러한 사실에서도 알 수 있듯이 이 춤은 무술적 기예가 상당한 춤으로 춤 중간 중간에 곡예적인 요소가 많은 작품이다. 이 사자춤의 경우 중국 북방에서의 사자춤과 여러 가지 면에서 차이를 보이는데, 이러한 점은 태국에 거주하는 룩찐들의 대부분이 광둥성 초우산(潮汕) 지역 출신이라는 점에서 자신들의 본적지(本籍地)을 상징한다고 해석해 볼 수 있다. 게다가 이 태국 사자춤의 경우 춤을 추기 전 여러 신(神)에게 간단한 제사를 올리는 것으로 시작하는데, 이때 여러 신들 중 부처님이나 중국의 여러 도교신은 물론 태국에서 종종 숭배되는 태국의 유명한 고승(高僧)에 대해서도 제사를 올리는 것을 볼 수 있다. 또 이 사자춤은 비단 중국의 명절에만 추는 것이 아니라 태국의 중요한 명절들 중에서도 볼 수 있다. 예를 들면 태국의 설날이라 할 수 있는 송크란 축제에도 이 사자춤이 선보인다. 이것 역시 룩찐들의 사자춤의 현지화를 찾아볼 수 있는 대목이라 할 수 있다.

이러한 중국의 민속춤은 주로 차이나타운에서 열리는 춘절 행사에서 볼 수 있다. 그러나 가장 빈번한 공연은 룩찐들이 새로운 사업을 시작하는 개업식에서 축하 공연에 흔히 볼 수 있다. 그리고 가장 중요한 행사로는 이러한 공연이 종종 왕실의 행사에까지 초청되어 공연된다는 사실이다. 예를 들어 태국의 왕세자의 아들이 태어났을 때 이를 축하하는 행사에 룩찐의 춤 공연단이 초청되어 공연하였다는 사실에서 태국의 왕실과 룩찐의 밀접한 관계를 짐작할 수 있다. 이러한 중국인의 정체성과 밀접한 연관인 있는 중국의 민속춤은 중국의 전통 음악과 함께 특히 젊은 룩찐들 사이에서 점차 인기를 끌고 있다는 사실이 흥미롭다. 특히 룩찐들이 운영하는 쇼핑센터나 백화점에는 이러한 춤을 배울 수 있는 강좌들이 속속 개설되어 있다. 또 태국의 상당수의 학교 기관(초중고등학교는 물론 대학교)과 각종 사회단체에서도 이러한 강좌들이 엄청나게 증가하고 있다.

이러한 강좌들은 태국의 중국인 관련 친목단체와 밀접한 관련이 있다. 예를 들어 룩찐들의 중요한 친목단체 중 하나인 광둥회관에서는 룩찐들이 많은 거주하는 지역의 중학교에 사자춤과 용춤을 교육하는 교사를 파견한다. 그리고 이러한 친목단체들 뒤에는 당연히 중국 정부가 직간접적 영향력을 행사하기도 한다. 즉 이들 춤 교사들이 정기적으로 중국을 방문하여 중국의 춤을 교습받는 체제로 이루어져 있다. 예를 들면, 광둥회관의 춤 교사들은 중국의 화남사범대학(華南師範大學)에서 정기적으로 연수를 받고 있다. 또 실제 중국인들의 명절에는 이들 중국 민속춤 단체들이 행사에 참여하기도 하는데, 이 가운데는 중국에서 온 무용단체도 함께 참여한다. 이러한 춤 문화 교류를 통해 룩찐들은 이제까지 태국인으로 현지화되었던 자신의 정체성에 중국인으로서의 인식을 더하는 계기가 된다. 그리고 중국과의 유대관계를 정치 경제적 측면뿐만 아니라 문화적으로도 넓혀 나아가고 있다고 하겠다.

이상에서 태국의 룩찐들이 다른 동남아시아 국가들의 화교들에 비해서 현지 사회에 잘 적응하여 태국 사회 중요한 구성원으로 자리매김하고 있음을 알 수 있다. 그렇다고 태국의 룩찐들이 태국사회에 모두 완전히 동화되어 중국적 정체성을 상실했다는 것도 아니다. 이들은 자신들의 뿌리가 되는 중국적인 문화들을 보존하고 계승하고 그러면서도 현지화하며 자신들의 정체성을 유지하고 있다. 십여 년 전까지만 해도 대부분의 룩찐들이 태국인임으로 자처하였으나, 최근 들어 중국의 부상과 함께 이들 룩찐들의 재중국화의 양상을 보인다. 이러한 룩찐들의 중국인으로서의 정체성 재확립에는 중국의 민속춤 열풍이 중요한 역할을 하고 있는 것을 알 수 있다. 앞서 살펴본 세가지 민속춤의 사례를 통해 춤이 중국의 전통과 얼을 삶에 연결시켜 주는 살아있는 예술로 중국인들의 정체성을 나타내고 지키는 가장 중요한 상징이라 할 수 있다.

제4장
몽족(묘족)의 신화와
전통춤 문화 연구를 위한 현장조사

　묘족 혹은 몽족으로 불리는 소수민족은 태국 내 고산족들 중 두 번째로 인구가 많은(10만 명) 민족이다. 태국사람들이 이들을 보기에 눈이 찢어진 것이 고양이 같다고 하여 '매우'라고 부르기도 하는데, 이들 묘족(몽족)은 다른 동남아시아의 다른 소수민족들처럼 그 분포지역이 태국을 비롯한 라오스, 캄보디아, 베트남, 그리고 중국 남부지역을 아우른다. 한편 현재 중국 정부가 공식적으로 분류하고 있는 중국의 소수민족은 한족(漢族)을 제외한 55개의 민족이 있다. 이들 중 한민족(韓民族)과 지정학적으로 먼 거리임에도 불구하고, 동이계(東夷系) 신화에 대한 공통점과 유사점을 가지고 있는 묘족(苗族) 혹은 몽족은 단연 우리의 눈길을 끈다.

　2011년에 중국의 묘족에 대한 현장 조사의 주된 목적은 크게 다음과 같은 3가지였다. 첫째, 묘족의 신화가 생활현장에서 어떠한 양상으로 나타나고 있는가? 둘째, 묘족의 신화와 이와 연관된 전통문화

몽족

특히 전통연희에는 어떠한 것이 있는가? 셋째, 현재 중국 정부에서
묘족에 대한 전통문화를 어떠한 방식으로 다루고 있는가? 이를 살펴
보기 위해 우선 묘족들이 살고 있는 마을을 방문하여 그들의 현재
생활양식들을 살펴보고, 혹 기회가 된다면 이들이 전승하고 있는 전
통 연희 문화를 관찰하고, 이에 대한 중국 정부의 묘족을 포함한 중국
소수민족의 전통문화에 대한 정책들을 아울러 살펴보고자 하였다.

　이러한 목적과 취지에 의한 현장 조사는 일정상의 제약과 묘족들
의 거주지가 대부분 오지에 위치하여 접근하는 데 어려움이 있어 묘
족의 전통문화에 대한 현장에서의 관찰을 철저하게 하지 못하였다는
점은 아쉬움으로 남는다. 그러나 5일이라는 짧은 기간의 제약에도

불구하고 이번 현장조사를 통해 앞으로의 묘족 신화와 정통 연희 연구의 윤곽을 잡을 수 있는 충분한 계기가 되었고, 중국 정부의 묘족 문화에 대한 대처 방안의 파악 등을 포함한 몇몇 유용한 자료조사가 이루어진 점은 높이 평가할 만하다 하겠다.

묘족에 대한 개괄적 이해

우선 묘족에 대한 개괄적 이해를 돕자면 다음과 같다. 묘족들은 주로 중국 남부 특히 후난성, 쓰촨성, 윈난성, 귀주성, 광서 장족 자치구 등에 거주하며, 귀주성에 전체의 약 50%에 달하는 가장 많은 인구가 집중되어 있다. 또 묘족은 동남아시아(라오스, 미얀마, 베트남 그리고 태국) 등지에 거주하며, 이들 지역에서는 몽족(Hmong 혹은 Mong people)으로 불리고 있다. 태국의 경우 묘족은 소수민족 중 2번째로 큰 규모로 대부분 태국의 북부지방에 거주하고 있다.

역사적으로 볼 때 중국의 경우 묘족은 명대(明代)와 청대(淸代)에 중국에서 큰 반란으로 유명하다. 또한 동남아시아에서 묘족은 베트남전쟁 때 미국 중앙정보국(CIA)이 수행했던 '비밀 전쟁(Secret War)' 즉 라오스 내전(Laotian Civil War, 1953~1975)에 미국측에 적극적으로 가담하여 국제적인 주목을 받기도 하였다. 이들은 동남아시아와 중국에 분포하는 소수민족 중 가장 이민이 활발하여, 미국, 호주, 캐나다, 프랑스, 프랑스령 기아나에도 거주한다. 이러한 이민의 역사는 묘족의 수난 역사를 그대로 보여주고 있다고 할 수 있다.

중국의 경우, 명(明)과 청(淸)나라 변경지역에 거주한 소수민족을 중국화하기 위하여 실시한 개토귀류(改土歸流) 정책은 묘족의 큰 발발을 불러일으켰다. 이 정책은 그 토착민을 토사 혹은 토관으로 임명하여 간접통치를 하였던 기존의 방식에서 그것을 점차 폐지하고 중앙정부에서 관리를 파견하여 본토와 똑같은 주현제(州縣制)에 따른 직접통치로 바꾸는 것이 주요 사항이었다. 특히 1703년 청나라 강희제 때의 반란이 가장 큰 규모였다. 이 당시 도륙된 묘족이 40만여 명이 넘었고, 300개가 넘는 묘족 마을을 사라지는 수난을 겪었다. 또 옹정제 시대인 1735년에도 묘족은 다시 반란을 일으켰으나 30만 명이 주살 당하였다.

이러한 묘족은 수난의 태평천국의 난이 끝난 이후까지도 이어져, 20세기 전반까지 묘족의 봉기는 다섯 차례나 더 일어났다. 이러한 반란을 통해 묘족들은 귀주와 윈난 등지의 산속으로 이동하여 정착하였다. 이러한 역사적 전통으로 인해 지금도 중국 정부의 묘족 정책은 겉으로는 포용적이나 수면 아래서는 강하게 억누르고 있다고 알려졌다.

이러한 역사적 배경은 많은 묘족이 동남아시아에 진출하는 계기가 되었다. 이들은 동남아시아에서 베트남 전쟁 당시 미국의 CIA와 협력을 통한 생존을 모색하였다. 미국의 CIA는 1960년대 북베트남군이 남베트남 게릴라를 지원하기 위해 라오스를 경유하는 보급로인 '호치민 트레일(Ho Chi Minh Trail)'을 이용하자, 이를 저지하기 위한 작전을 비밀리에 실행했다. 엄청난 양의 공중 공습과 함께, 지상에서는 몽족을 활용하였다. 이는 미국의 라오스에서의 전면적인 지상전을 회피하려는 전략이 담겨있었다. 그러나 1975년 미국이 베트남전쟁에서 손을 때고 라오스는 공산화되자, 미국에 적극적으로 협력하였던 많은 몽족은 박해를 피해 메콩 강을 건너 태국으로 피신하여 난민의 처지가 되었다. 이 난민 중 미국은 1975년 이후 몽족 15만여 명을 이민으로 받아들였다. 이들 중 상당수는 현재 미네소타 주에 거주하고 있다.

묘족의 특이점

묘족은 이들이 거주하고 있는 지역에 산재하고 있는 다른 소수민족들의 문화와 비교하여 볼 때 특이한 점들이 많다. 우선 의상에 있어서 다른 남방계 소수민족들과 비교할 때, 북방계 민족들처럼 바지(袴)를 착용하며, 독특한 은장식을 사용한다. 그러나 묘족이 우리의 주목을 끄는 가장 큰 이유는 그들의 신화이다. 이들의 신화는 전술하였듯이 한민족이 속해 있는 동이계(東夷系) 신화를 공유한다는 점이다.

우선 대부분의 한민족 국가들의 건국신화 보이는 난생(卵生)설화를 묘족의 신화에서 찾아볼 수 있다. 또한 묘족들은 그들의 구전 설화를 통해 그들의 조상이 기원전 3000년 허베이성 일대에서 이주하여 왔다고 믿고 있다는 점 역시 특이하다. 이 지역은 주지하듯이 한국의 고대 신화와도 관련이 높은 곳이다. 특히 흥미로운 점은 고대 묘족 문화는 전국 시대의 강대국이었던 초(楚)의 문화와 여러 방면에서 일치하는 면이 많아 같은 조상으로 간주되고 있다는 것이다. 이러한 사실은 여러 고고학 자료가 이러한 가능성을 뒷받침하고 있는데, 초

시대의 묘에서 출토되는 동령(銅鈴), 동과(銅戈), 동전족(銅箭簇), 노기(弩機), 회도관(灰陶罐) 등이 묘족의 것과 일치하는 것이 많이 있다.

묘족과 깊은 연관이 있는 초나라는 한국 단군설화가 숭배하는 토템이 곰인 점에서 초나라 토템과 유사하다. 초나라의 토템 역시 곰으로 초나라 왕족 성은 슝(熊)이다. 이러한 묘족의 역사와 문화는 중국 남부와 동남아시아의 다른 소수민족들과 비교할 때 매우 독특하다고 할 수 있다.

묘족의 공연예술 또한 고대 한민족의 문화와 유사한 점이 있다. 고대 한국의 춤에 대한 자료로는 『삼국지(三國志) 위서 동이전(魏書東夷傳)』에 나타나 있는 것이 최초의 기록으로 삼한시대의 가무에 대한 내용을 수록하고 있다. 부여·고구려·동예는 일정한 시기를 두고 온 마을 사람이 한데 모여 하늘에 제사를 지내고 가무를 베푸는 연중행사가 있어 부여는 정월에, 고구려와 동예는 10월에 각각 제천의식을 가졌으며 집단적이고 체계적인 행사로서 밤낮을 가리지 않고 가무를 하였음을 서술하고 있다. 위와 같은 행사는 계절적인 시기와 연희방법이 대부분 비슷하여, 부여에서는 영고(迎鼓), 고구려에서는 동맹(東盟), 동예에서는 무천(舞天)이라 하였으며 마한에서는 5월과 10월 추수 후 음주 가무를 행하였는데 그 모습은 수십 명이 앞뒤를 따르며 땅을 밟는 집단가무로서 중국의 탁무와 비슷했다고 한다. 이러한 고대 한국 춤의 모습은 묘족 마을에서 매년 음력 10월 루성제(芦笙祭) 때 추는 춤과 많이 닮은 것 같다. 루성제 행사는 묘족 문화와 정신이 가장 잘 드러나는 대표적인 행사이다. 한편 부여의 제천의식인 영고는 이름에서 알 수 있듯이 '북'이 중요한 주제가 되고 있음을 알 수 있다.

이러한 모습은 묘족의 상징 중 가장 대표적인 것이 '북'이며 이 북의 문양은 고구려의 고분 벽화에서도 유사한 것이 있어 흥미롭다.

묘족의 이와 같은 특이한 역사적 문화적 배경에도 불구하고, 한국에서 묘족에 대한 연구는 최근에서야 소수의 연구자들에 의한 약간의 연구가 진척되어 있는 상황이다. 한국에서 지금까지 묘족에 대한 연구는 학위논문과 일반 소논문 그리고 여러 단행본을 통 털어 20개를 넘지 못하고 있다. 그리고 이러한 연구 논문 중 대다수는 복식과 공예에 관한 것에 집중되어 있다. 이러한 복식 관련 연구 중 한국의 복식과 비교를 한 것들도 있는데 이는 단적으로 묘족의 복식이 묘족이 거주하는 중국 남방의 복식과 구별되며, 한국 등 북방계 복식과 유사함에서 기인한 것이다. 한편 신화와 역사에 관한 연구는 1권의 단행본을 포함 총 6개 정도이다. 게다가 묘족 신화와 공연예술을 연계하여 살핀 연구는 전무하며, 그러므로 묘족에 관한 한국에서의 연구실적은 현재까지 매우 미비한 편이라 할 수 있다.

한국에서 묘족에 대한 연구

지금까지의 연구 가운데서 가장 주목 받고 있는 연구는 김인희의 연구이다. 묘족 신화와 고구려와의 관계를 조사 연구한 김인희의 『1300년 디아스포라, 고구려 유민: 그 많던 망국의 유민은 어디로 갔을까?』의 경우는 고대 묘족과 한국인의 관계에 관한 연구 중 문헌 자료와 현장조사를 병행한 최초의 묘족과 한민족 관련 연구라는 점에서 독특하다고 할 수 있다. 이를 위해 연구자는 역사학, 고고학, 언어학, 신화학, 인류학, 복식학 등 다양한 연구방법을 동원해 묘족이 고구려 유민의 후손임을 입증하는 19가지의 근거를 제시한다.

그러나 이 연구는 지나치게 성급한 결론에 도달하고 있다는 느낌을 지울 수 없다. 일례를 들자면, 언어학적으로 묘족의 언어는 Hmong-Mien어로 시노 티벳어군(Sino-Tibetan language family)에 속한다. 이 언어의 가장 큰 특징은 중국어와 같이 성조(聲調)가 있고, 문장 순서에 있어 주어 동사 목적어(SVO)의 전형적인 시노 티벳어의 모습을 보여, 고대 고구려어나 한국어가 속한 알타이어(Altaic language family)와는 크게 다르다. 이러한 차이점에 대해 위의 연구는 전혀 설명하지 않고 있다. 민족의 구분에 있어 언어가 차지하는 비중을 고려하여 볼 때, 김인희의 연구는 이점을 간과하고 있는 것 같다.

이 밖에도 여러 가지 반증이 들 수 있으나, 본 연구와 관련하여 위의 연구에서 또 하나 이해하기 힘든 부분은 치우(蚩尤) 등과 관련된 묘족의 신화 부분이다. 위의 연구에서 저자는 묘족의 신화는 한족(漢族)에 의해 만들어진 것이라 주장하고 있으나, 이번 현장 조사를 통해 이러한 것은 사실이 아닐 가능성이 있다. 이러한 동이계 신화를 묘족이 공유하는 이유에 대해 좀 더 새로운 접근 방법이 요구된다 하겠다. 그럼에도 위의 연구가 중요한 이유는 고대 묘족과 한민족의 연관 가능성을 이번 현장조사에서 확인하였기 때문이다.

묘족에 관한 연구 중 중국을 제외한 외국의 학계의 동향을 살펴보면, 프랑스 태국 그리고 미국의 경우를 들 수 있다. 프랑스의 경우 그들의 동남아 식민지연구의 일환으로 몽족에 대한 연구가 꾸준히 있어왔다. 이들 연구의 대부분은 인류학적 관점에서 접근한 것으로 그들의 삶의 형태, 관습 등과 같은 것에 집중되어 있었다. 태국의 경우 마히돈 대학(Mahidol University) 소재 아시아 언어 문화 연구소(The Research Institute for Languages and Cultures of Asia)에서의 연구가 활발하다. 이 연구소의 묘족을 포함한 소수민족의 연구들 중 상당수가 현장조사와 인터뷰 등을 토대로 하고 있어 프랑스나 미국의 경우와는 또 다른 가치가 있는 것으로 보인다. 다만, 이 연구소의 연구 성과의 대부분이 타이어로 되어 있어 타이어를 모르는 대부분의 연구자들에게 큰 걸림돌이 되고 있다.

현재 묘족 혹은 몽족 연구로 가장 중심적인 곳은 미국에 있는 Hmong Studies Journal이다. 이 학술지는 미국과 유럽에서 활동하는 여러 학자들의 묘족 혹은 몽족에 대한 다양한 연구 논문을 정기적으로 발행하고 있다. 1996년부터 2010년까지 발행한 논문 편수는 90여 개가 된다. 이들 논문에 대한 학자의 명단과 논문 제목은 이 글의 끝에 참고자료로 첨부하였다. 이들 연구들의 주된 주제는 교육과 청소년, 몽족의 디아스포라와 사회 문제 그리고 사회 경제, 성(性) 정체성 문제, 건강과 의료, 아시아와 몽족, 몽족 난민과 라오스 내전, 몽족 문화, 종교 그리고 정체성, 몽족 역사 등이 있다. 위의 연구 성과들에서 알 수 있듯이 미국과 유럽의 묘족 혹은 몽족에 대한 연구의 관심은 대부분 근 현대에 초점이 맞추어져 있으며 또 디아스포라가 주된 관심사 중 하나이다. 이들 연구 논문 중 묘족의 공연 예술 특히 춤에 관한 연구는, 한국의 경우와 마찬가지로, 거의 전무한 상태에 있으며 신화에 관한 연구도 상대적으로 미미한 편이다.

중국에서의 묘족

이번 현장조사에서 가장 중요한 지역은 구이저우(貴州)성 첸둥난 먀오쭈둥쭈 자치주(黔東南苗族侗族自治州)에 있는 레이산현(雷山縣)이었다. 첸둥난먀오쭈둥쭈 자치주 동북부에는 소수민족 묘족의 성산(聖山) 레이궁산(雷公山)이 있다. 이 산 복부에 자리 잡은 마을 시장은 중국에서 가장 큰 묘족의 집단거주촌락이다. 이 지역은 외지에서 온 극소수의 한족(漢族) 공무원을 제외하면, 묘족의 인구 비율은 98%를 넘는다. 이 지역은 엄준한 산속 깊숙이 위치해 접근하기가 매우 어려웠으나, 최근 중국 정부가 포장도로를 놓으면서 이 지역을 방문하는 데 상대적으로 편리하여졌다. 좋아진 교통사정으로 최근에는 이곳 묘족 마을들은 관광 사업이 주가 되기 시작하였다. 이 때문에 현지 주민들은 생업인 농사일보다 관광업에 더욱 열성이다. 이러한 관광업의 발달로 생활환경은 더 나아진 것이 분명하지만 이러한 관광업으로 인해 기존의 전통들은 많은 부분에서 왜곡되고 상품화되기 시작하였다. 또한 중국 정부의 소수민족 이주 지원 정책과 맞물려 더 많은 돈을 벌기 위해 진작부터 레이산 현청이나 구이양(貴陽)으로 많은 묘족이 이주 하였다. 아직까지는 묘족들은 그들의 정체성을 유지하고 살아가고 있으나 지금과 같은 상황이 지속될 경우 미래는 장담하기 힘들다.

쿤밍에서 만난 윈난대학교의 방철(方鐵) 교수와의 인터뷰를 통해 중국 소수민족 특히 묘족의 전통문화에 현황과 전승 상황에 대해서 알아볼 수 있는 기회가 되었다. 중국의 소수민족 문화 정책은 유네스코 세계문화유산에 보존에 근거한다. 이 유네스코 세계문화유산 프로그램은 사실 일본과 한국의 무형문화재 보존법을 참조하여 제정된 것으로 특히 한국에서는 무형문화재의 경우 예전부터 논란에 대상이 되고 있는 것이다. 중국의 경우 유네스코 인류무형문화유산에 큰 관심으로 보이며 등재에 노력을 기울이고 있다.

현재 유네스코 인류무형문화유산 프로그램에 큰 문제점 중 하나는 등재된 유산이 아시아 지역, 특히 한국, 중국, 일본에 집중되어 있다는 것이다. 현재 유네스코에 등재된 76건 가운데 동북아시아 3개국 즉 중국 22건, 일본 13건, 한국 5건으로 세 국가의 무형유산이 전체의 약 53%를 차지하고 있다. 다른 국가들이 보통 1~2건 정도 등재했다. 이는 중국을 포함한 동북아시아 3개국의 이 프로그램에 대한 관심이 지대함을 단적으로 보여주는 예라 하겠다.

무형문화유산은 그 성격상 세대 사이에 시대와 환경에 맞게 선택적으로 전승되며 또 새로운 것이 추가되기 때문에 본래대로의 상태를 유지하는 것은 불가능하며 바람직하지도 않다. 그러므로 현재 유네스코 무형문화유산은 원상태를 지키는 것이 아니라 다음 세대에 전승시키는 것에 초점을 맞추고 있다. 그러나 이러한 유네스코 무형문화유산 프로그램은 많은 문제점을 가지고 있다. 다음 장에서 좀 더 자세히 기술하였지만, 2009년 한국의 농악(農樂)이 중국에 거주하는 조선족도 보유하고 있다는 이유만으로 중국의 것으로 등재된 것이다. 이 사례 이외에도 몽골족과 관련된 무형문화유산인 우르틴두-전통 민속 장(長)음악(Urtiin Duu-Traditional Folk Long Song, 2005), 게사르 전통 서사시(Gesar epic tradition, 2009), 쿠메이: 몽골 가창 예술(Mongolian art of singing: Khoomei, 2009), 그리고 신장의 위구르 무캄(The Uyghur Muqam of Xinjiang, 2005), 티베트 식 오페라(Tibetan opera, 2009) 등이 소수민족의 무형문화유산이 중국의 것으로 등재되었는데, 이들은 모두 중국에서 소수민족 문제로 대두되고 있는 민족의 것이다. 반면, 한족의 대표적인 무형문화유산인 북경 경극(Peking opera)의 경우 2010에야 등재가 되어 중국 정부의 유네스코 무형문화유산 프로그램에 대한 내재적 의도를 엿볼 수 있다.

반면 묘족 등 다른 소수민족의 무형문화유산은 유네스코 프로그램에 등재되어 있지 않다. 앞으로 이에 대한 자세한 연구가 뒤 따라야 겠지만 중국 정부의 소수민족 전통문화 정책은 대외적으로는 문화 보존에 힘을 기울인다는 충분한 명분을 얻는 동시에, 내부적으로는 소수민족의 전통문화를 자신의 틀에 맞추어 관리하겠다는 의도가 있는 듯하다. 특히 이번 현장 조사의 마지막 일정이었던 윈난민족촌(云南民族村)에서의 받은 인상은 이러한 모습을 단적으로 보여주는 일례라 할 수 있을 것이다.

글을 마치며

방철(方鐵) 교수와의 인터뷰 중 흥미로운 사실은 묘족이 조상신으로 개를 숭상한다는 점을 알게 되었다. 후에 약간의 자료조사를 통해 알게 된 사실은 묘족의 신화에 등장하는 이 개(犬)는 이름이 '반호(槃瓠)'로, 이 개는 『삼국사기 백제본기 의자왕(三國史記 百濟本紀 義慈王)』 편에 보이는 고구려의 조상과 관련된 고신씨(高辛氏)와 밀접한 연관이 있다. 이 기록에는 "고구려는 고신씨의 후예이므로, 성(姓)이 고씨(高句麗亦以高辛氏後姓高氏)이다"라고 하고 있다. 그러나 이러한 사료는 현재 중국에서 동북공정의 하나로 이용되어 중국 측 주장에 의하면, 고주몽의 '고'씨 성도 고양씨의 후예이기 때문에 붙은 것 따라서 당연히 중화민족의 일원이라 주장하고 있다. 이런 논리를 바탕으로 고구려, 발해는 물론 고조선의 역사와 민족까지도 중국의 역사와 중화민

몽족 춤

족에 속한다는 것이 골자이다. 그러나 이러한 중국 측 의견 가운데에 고대 묘족과 한민족의 관계에 대해서는 아직 발견되고 있지 않다. 앞으로 한민족의 고대 역사를 살펴볼 때, 묘족과의 관련을 고려한다면 중국 측 논리와는 다른 의견을 제시할 수도 있을 것이라 기대한다. 이에 대한 면밀한 문헌 조사가 요구된다 하겠다.

버스와 비행기로 중국 대륙을 장거리 이동하는 제법 고단한 여정에, 5일간의 짧은 일정으로 인해 묘족의 생활에 대한 많은 관찰은 할 수 없었지만, 이번 현장조사를 통해 앞서 밝힌 데로 고대 한민족과 묘족과의 관계와 묘족 등 소수민족에 대한 문화정책의 이해를 통한 중국 정부의 전략 파악 등 앞으로의 연구에 방향을 잡는데 크게 도움이 된 계기였다고 말 할 수 있다. 앞으로 한국인의 입장에서 묘족의 전통문화와 신화에 대한 연구가 진행된다면, 한국뿐 아니라 전 세계에서 연구되고 있는 소수 민족의 연구에 있어 새로운 시각을 제시할 수 있으리라 확신한다.

[참고자료]
Hmong Studies Journal에 발표한 학자들의 명단과 논문 목록

- Ian G. Baird. "The Hmong Come to Southern Laos: Local Responses and the Creation of Racialized Boundaries." *Hmong Studies Journal*, Volume 11, 2010.

- Sharon Bays. "Visualizing Change Through Interactive Photography: Transforming Identities, Transforming Research." *Hmong Studies Journal*, Vol 1, No. 1, 1996.

- Howard Berkson. "Labor-Force Participation Among Southeast Asian Refugee-Immigrants: An Update on 1975 to 1984 Entrants." *Hmong Studies Journal*, Vol 1, No. 2, 1997.

- Wayne Carroll and Victoria Udalova. "Who is Hmong? Questions and Evidence from the U.S. Census." *Hmong Studies Journal*, Vol 6, 2005.

- Dia Cha."Hmong and Lao Refugee Women: Reflections of a Hmong-American Woman Anthropologist." *Hmong Studies Journal*, Vol 6, 2005.

- Dia Cha. "The Hmong 'Dab Pog Couple' Story and its Significance in Arriving at an Understanding of Hmong Ritual." *Hmong Studies Journal*, Vol 4, 2003.

- Monica Chiu."Medical, Racist, and Colonial Constructions of Power: Creating the Asian American Patient and the Cultural Citizen in Anne Fadiman's The Spirt Catches You and You Fall Down." *Hmong Studies Journal*, Vol 5, 2004-05.

- Patrick F. Clarkin. "Hmong Resettlement in French Guiana" *Hmong Studies Journal*, Vol 6, 2005.

- Geraldine Craig. "Patterns of Change: Transitions in Hmong Textile Language." *Hmong Studies Journal*, Volume 11, 2010.

- Kathleen A. Culhane-Pera and Mayseng Lee. "'Die Another Day': A qualitative analysis of Hmong experiences with kidney stones." *Hmong Studies Journal*, Vol 7, 2006.

- Joseph Davy. "Por Thao's Funeral (documentary photo essay)." - Text -

Hmong Studies Journal, Vol 2, No. 1, 1997.

- Joseph Davy. "Por Thao's Funeral (documentary photo essay)." *Hmong Studies Journal*, Vol 2, No. 1, 1997.

- Joseph Davy. "Repatriation: How Safe Is It?" *Hmong Studies Journal*, Vol 2, No. 2, 1998.

- Joseph Davy. "The Xiong Family: A Documentary Photo Essay." *Hmong Studies Journal*, Vol 1, No. 2, 1997.

- Lisa Dembouski. "Book Review of The Latehomecomer." *Hmong Studies Journal* Vol 10, 2009.

- Daniel F. Detzner, Aysem R. Senyurekli and Zha Blong Xiong. "Escape from Harm's Way: The Experiences of Southeast Asian Elders and their Families." *Hmong Studies Journal*, Vol 9, 2008.

- Stephen Doherty. "Political Behavior and Candidate Emergence in the Hmong-American Community." *Hmong Studies Journal*, Vol 8, 2007.

- John Duffy. "Literacy and L'Armee Clandestine: The Writings of the Hmong Military Scribes." *Hmong Studies Journal*, Vol 3, 2000.

- Robert Entenmann. "The Myth of Sonom, the Hmong King." *Hmong Studies Journal*, Vol 6, 2005.

- Catherine Falk. "Upon Meeting the Ancestors: The Hmong Funeral Ritual in Asia and Australia." *Hmong Studies Journal*, Vol 1, No. 1, 1996.

- Cathleen Jo Faruque. "Migration of Hmong to Rochester, Minnesota: Life in the Midwest." by Cathleen Jo Faruque, *Hmong Studies Journal*, Vol 4, 2003.

- Linda Gensheimer. "Learning from the experiences of Hmong mental health providers." *Hmong Studies Journal*, Vol 7, 2006.

- Linda A. Gerdner. "Translating Research Findings Into a Hmong American Children's Book to Promote Understanding of Persons with Alzheimer's Disease." *Hmong Studies Journal*, Vol 9, 2008.

- Grit Grigoleit. "Coming Home? The Integration of Hmong Refugees from Wat Tham Krabok, Thailand into American Society." *Hmong Studies Journal*, Vol 7, 2006.

- MayKao Hang. "Growing Up Hmong American: Truancy Policy and Girls."

Hmong Sudies Journal, Vol 2, No. 1, 1997.

- Grace Hatmaker, Helda Pinzon-Perez, Xong Khang and Connie Cha. "Commentary: The Hmong and their Perceptions about Physical Disabilities: An Overview and Review of Selected Literature." *Hmong Studies Journal*, Vol. 11, 2010.

- Jeremy Hein. "The Hmong Cultural Repertoire: Explaining Cultural Variation Within an Ethnic Group." *Hmong Studies Journal*, Vol 2, No. 1, 1997.

- Vincent K. Her and Mary Louise Buley-Meissner. "'Why Would We Want Those Students Here?': Bridges and Barriers to Building Campus Community Partnerships." *Hmong Studies Journal*, Vol 7, 2006.

- Vincent K. Her. "Hmong Cosmology: Proposed Model, Preliminary Insights." *Hmong Studies Journal*, Vol 6, 2005.

- Nancy K. Herther. "Citation Analysis and Hmong Studies Publications: An Initial Examination." *Hmong Studies Journal*, Vol. 10, 2009.

- Tracey Pilar Johnson-Messenger. "Contradictions in Learning how to be Thai: A Case Study of a Young Hmong Woman." *Hmong Studies Journal*, Vol 4, 2003.

- Roberta Julian. "Hmong Transnational Identity: the Gendering of Contested Discourses." *Hmong Studies Journal*, Vol 5, 2004-05.

- Tamara L. Kaiser. "Caught Between Cultures: Hmong Parents in America's Sibling Society." *Hmong Studies Journal*, Vol 5, 2004-05.

- Gary Yia Lee. "Diaspora and the Predicament of Origins: Interrogating Hmong Postcolonial History and Identity." *Hmong Studies Journal*, Vol 8, 2007.

- Gary Yia Lee. "Dreaming Across the Oceans: Globalization and Cultural Reinvention in the Hmong Diaspora." *Hmong Studies Journal*, Vol 7, 2006.

- Gary Yia Lee."The Shaping of Traditions: Agriculture and Hmong Society." *Hmong Studies Journal*, Vol 6, 2005.

- Gary Yia Lee. "Cultural Identity In Post-Modern Society: Reflections on What is a Hmong?" *Hmong Studies Journal*, Vol 1, No. 1, 1996.

- John Kha Lee and Katherine Green. "Hmong Parental Involvement and Support: A Comparison Between Families of High and Low Achieving High

School Seniors." *Hmong Studies Journal*, Vol 9, 2008.

- John Kha Lee and Katherine Green. "Acculturation Processes of Hmong in Eastern Wisconsin." *Hmong Studies Journal*, Vol 11, 2010.

- Mai Na M. Lee. "The Thousand-Year Myth: Construction and Characterization of Hmong." *Hmong Studies Journal*, Vol 2, No. 1, 1997.

- Sangmi Lee. "Searching for the Hmong People's Ethnic Homeland and Multiple Dimensions of Transnational Longing: From the Viewpoint of the Hmong in Laos." Hmong

- Studies Journal, Vol 10, 2009.

- Serge C. Lee. "The self-rated social well-being of Hmong college students in Northern California." *Hmong Studies Journal*, Vol 8, 2007.

- Jacques Lemoine. "To Tell the Truth.", *Hmong Studies Journal*, Vol 9, 2008.

- Jacques Lemoine. "What is the actual number of the (H)mong in the World?" *Hmong Studies Journal*, Vol 6, 2005.

- Penny Lo, Dao Moua Fang, May Ying Ly, Susan Stewart and Serge Lee. "Access to Adequate Healthcare for Hmong Women: A Patient Navigation Program to Increase Pap Test Screening." *Hmong Studies Journal*, Vol 11, 2010.

- Pao Lor. "A Photo Essay of the Hmong Experience at Wat Thamkrabok in Thailand." *Hmong Studies Journal*, Vol 10, 2009.

- Yang Lor. "Hmong Political Involvement in St. Paul, Minnesota and Fresno, California." *Hmong Studies Journal*, Vol 10, 2009.

- Sheng-mei Ma. "Hmong Refugee's Death Fugue." *Hmong Studies Journal*, Vol 6, 2005.

- Leslie McClain-Ruelle and Kao Xiong."Continuing the promise: Recruiting and preparing Hmong-American educators for Central Wisconsin." *Hmong Studies Journal*, Vol 6, 2005.

- Gayle Morrison. "The Hmong Qeej: Speaking to the Spirit World." *Hmong Studies Journal*, Vol 2, No. 1, 1997.

- Bic Ngo, Martha Bigelow and Kyla Wahlstrom. "The Transition of Wat Tham Krabok Hmong Children to Saint Paul Public Schools: Perspectives of

Teachers, Principals, and Hmong Parents." *Hmong Studies Journal*, Vol 8, 2007.

- Faith Nibbs. "The Texas Two-Step, Hmong Style: A Delicate Dance Between Culture and Ethnicity." *Hmong Studies Journal*, Vol 7, 2006.

- Faith Nibbs. "A Hmong Birth and Authoritative Knowledge: A Case study of choice, control, and the reproductive consequences of refugee status in American childbirth." *Hmong Studies Journal*, Vol 11, 2010.

- Miguel A. Perez and Chia Thao. "Understanding Barriers to Prevention of ntshav qab zib/nsthaav qaab zib: A Hmong perspective." *Hmong Studies Journal* Vol 10, 2009.

- Miguel A. Perez and Koua Cha. "Diabetes Knowledge, Beliefs, and Treatments in the Hmong Population: An Exploratory Study." *Hmong Studies Journal* Vol 8, 2007.

- Miguel A. Pérez, Long Julah Moua, and Helda Pinzon-Perez. "Food Preparation, Practices, and Safety In The Hmong Community." *Hmong Studies Journal*, Vol 7, 2006.

- Louisa Schein and Va-Megn Thoj. "Gran Torino's Boys and Men with Guns: Hmong Perspectives." *Hmong Studies Journal*, Vol 10, 2009.

- Louisa Schein and Bee Vang. "Gran Torino's Hmong Lead Bee Vang on Film, Race, and Masculinity: Conversations with Louisa Schein, Spring 2010." *Hmong Studies Journal*, Vol. 11, 2010.

- Andrew J. Supple, Shuntay Z. McCoy and Yudan Wang. "Parental Influences on Hmong University Students' Success." *Hmong Studies Journal*, Vol. 11, 2010.

- Nicholas Tapp. "Qha Ke (Guiding the Way) From the Hmong Ntsu of China, 1943." *Hmong Studies Journal*, Vol 9, 2008.

- Nicholas Tapp. "Perspectives on Hmong Studies: Speech by Nicholas Tapp on Receiving the Eagle Award at the Third International Conference on Hmong Studies, Concordia University, Saint Paul, April 10, 2010." *Hmong Studies Journal*, Vol. 11, 2010.

- Machiline Xiong and Paul Jesilow. "Constructing a Social Problem: Suicide, Acculturation and the Hmong." *Hmong Studies Journal*, Vol 8, 2007.

- Nao Xiong and Yang Sao Xiong. "A Critique of Timothy Vang's Hmong Religious Conversion and Resistance Study." *Hmong Studies Journal*, Vol 9, 2008.

- Zha Blong Xiong, Arunya Tuicomepee and Kathyrn B. Rettig. "Adolescents' Problem Behaviors and Parent-Adolescent Conflicts in Hmong Immigrant Families." Hmong Studies Journal, Vol 9, 2008.

- Zha Blong Xiong, Daniel F. Detzner, Zoe Hendrickson Keuster, Patricia A. Eliason, and Rose Allen. "Developing Culturally Sensitive Parent Education Programs for Immigrant Families: The Helping Youth Succeed Curriculum." *Hmong Studies Journal*, Vol 7, 2006.

- Zha Blong Xiong and Daniel F. Detzner. "Southeast Asian Fathers' Experiences with Adolescents: Challenges and Change." *Hmong Studies Journal*, Vol 6, 2005.

- Zha Blong Xiong, Daniel F. Detzner and Michael J. Cleveland. "Southeast Asian Adolescents' Perceptions of Immigrant Parenting Practices." Vol 5, 2004-05.

- Christopher T. Vang. "Hmong-American K-12 Students and the Academic Skills Needed for a College Education: A Review of the Existing Literature and Suggestions for Future Research." *Hmong Studies Journal*, Vol 5, 2004-05.

- Halee Vang and Manuel T. Barrera. "Hmong Parents' Perceptions on Instructional Strategies for Educating their Children with Disabilities." *Hmong Studies Journal*, Vol 5, 2004-05.

- Pa Vang, Onuma Zongrum, Ratana Sindhuphak and Nikorn Dusitsin. "Preliminary Study on Thalassemia Screening and Genetic Counseling in Selective Hmong People in Saraburi Province, Thailand." *Hmong Studies Journal*, Vol 8, 2007.

- Pang Vang. "Using Mammography Screening: Hmong Women's Perceptions and Beliefs." *Hmong Studies Journal*, Vol 10, 2009.

- Teng Vang and Helda Pinzon-Perez. "Knowledge of Nasopharyngeal Carcinoma Among Hmong Populations In Central California." *Hmong Studies Journal*, Vol 7, 2006.

- Miriam Warner and Marilyn Mochel. "The Hmong and Health Care in Merced

County, California." *Hmong Studies Journal*, Vol 2, No. 2, 1998.

- Hilary Watt. "The Power of the Spoken Word in Defining Religion and Thought: A Case Study." *Hmong Studies Journal*, Vol 9, 2008.

- Xiaoping Wu. "Ethnic Tourism -- A Helicopter from "Huge Graveyard" to Paradise?: Social impacts of ethnic tourism development on the minority community in Guizhou Province, South-West China." *Hmong Studies Journal*, Vol 3, 2000.

- Kao-Ly Yang. "The Meeting with Guanyin, the Goddess of Mercy A Case Study of Syncretism in the Hmong System of Beliefs." *Hmong Studies Journal*, Vol 7, 2006.

- Kou Yang. "Commentary: Challenges and Complexity in the Re-Construction of Hmong History." *Hmong Studies Journal*, Vol 10, 2009.

- Kou Yang. "A Visit to the Hmong of Asia: Globalization and Ethnicity at the Dawn of the 21st Century." *Hmong Studies Journal*, Vol 9, 2008 (Text).

- Kou Yang. "A Visit to the Hmong of Asia: Globalization and Ethnicity at the Dawn of the 21st Century." *Hmong Studies Journal*, Vol 9, 2008 (Photo Essay).

- Kou Yang. "An Assessment of the Hmong American New Year and Its Implications for Hmong-American Culture." *Hmong Studies Journal* Vol 8, 2007.

- Kou Yang. "Research Notes from the Field: Tracing the Path of the Ancestors - A Visit to the Hmong in China." *Hmong Studies Journal*, Vol 6, 2005.

- Kou Yang. "Hmong Americans: A Review of Felt Needs, Problems, and Community Development." *Hmong Studies Journal*, Vol 4, 2003.

- Kou Yang. "Hmong Mens' Adaptation to Life in the United States." *Hmong Studies Journal*, Vol 1, No. 2, 1997.

- Kou Yang. "The passing of a Hmong Pioneer: Nhiavu Lobliayao (Nyiaj Vws Lauj Npliaj Yob), 1915-1999." *Hmong Studies Journal*, Vol 3, 2000.

- Pa Nhia D. Yang and Catherine A. Solheim. "Financial Management in Hmong Immigrant Families: Change and Adaptation." *Hmong Studies Journal* Vol 8, 2007.

- Zhiqiang Yang. "From Miao to Miaozu - Alterity in the Formation of Modern Ethnic Groups." *Hmong Studies Journal* Vol 10, 2009.

- Tou T. Yang. "Hmong of Germany: Preliminary Report on the Resettlement of Lao Hmong Refugees in Germany." *Hmong Studies Journal*, Vol 4, 2003.

- Taeko Yoshikawa. "From a Refugee Camp to the Minnesota State Senate: A Case Study of a Hmong American Woman's Challenge." *Hmong Studies Journal*, Vol 7, 2006.

제5장

문화재를 둘러싼 갈등

중국의 유네스코 무형문화재와 주변국과의 갈등[1]

서론

문화재라는 것은 크게 정치적일 것 같지 않고 또 전쟁과 같은 것과는 전혀 상관없는 것처럼 보인다. 그러나, 이러한 인식과는 다르게 종종 문화재는 계층 간, 민족 간, 지역 간, 국가 간에 갈등의 씨앗이 되곤 한다. 예를 들어 문화재를 둘러싼 갈등 중 유명한 것은 태국과 캄보디아 간의 분쟁이 그것이다. 이 분쟁에는 양국의 국경에 위치한 고대의 찬란한 문명을 간직하고 있는 문화재인 프레아비히어 사원을 둘러싼 영유권이 그 핵심이다. 캄보디아의 관점에서 볼 때, 이것은

---

1 이 글은 *Auguries of Chinese Empire: Chinese Intangible Cultural Heritages in UNESCO and the Conflicts with Her Neighbours*라는 제목으로 2012년 2월 런던대학교 SOAS에서 발표한 내용을 수정한 것이다.

식민지 시기를 틈타 일본이 한국의 영토인 독도를 자신의 것이라 주장하는 것과 유사하다. 이 사원은 캄보디아의 전성기였던 크메르 제국(802~1431) 시대의 찬란한 역사를 보여주는 역사적 유물 중 하나로, 태국의 소승불교와는 달리 크메르 제국의 종교였던 힌두교 사원이다. 사원을 둘러싼 분쟁은 1954년 프랑스에서 캄보디아가 독립하자 태국이 이 사원을 무력으로 점령한 것이 발단이 되었다.

이에 캄보디아는 즉시 국제사법재판소(ICJ)에 제소하였고, 재판소는 캄보디아에 속한다고 판결했다. 그렇지만 태국은 이 사원 주변의 영토의 경우는 판결과 무관하다고 주장하며 계속해서 영유권을 주장하고 있다. 결국 이후 양쪽의 무력 충돌 이어져 수십 명이 숨지고 수만 명이 피난하는 사태가 벌어졌다는 점에서 태국과 캄보디아의 분쟁은 독도를 둘러싼 한-일 사이의 갈등보다 오히려 더 심하다고 하겠다.

한편 문화를 통해 세계 평화 구축에 기여하는 것을 중요한 목적으로 설립된 유엔 교육 과학 문화 기구 즉 유네스코(UNESCO)에서도 이러한 갈등들이 심심치 않게 보고되고 있다. 특히 최근 중국의 유네스코에서 무형문화재에 관한 일련의 문화 정책들은 문화 제국주의를 연상하게 한다. 이러한 정책들은 중국 소수민족 문제 등 국내문제와 밀접한 관련이 있는 동시에 국제 정치와도 무관하지 않은 것 같다. 여기서 문화 제국주의는 한 문화가 다른 문화를 지배하는 것을 의미하는 것으로, 후기식민주의(post-colonialism) 이론으로 문화 제국주의에 대해 거칠게 설명하면, 선진 세계의 문화가 제삼세계와 지역 문화를 위협하는 것을 의미하는데 이에 대해서는 수많은 이론과 의견이 존재한다. 주지하듯이 현대의 대부분의 연구자들은 이 용어를 주로 미국의 문화 제국주의를 설명하는 데 사용하고 있다. 그러나 현재의 중국 문화제국주의는 오늘날 미국의 문화제국주의와는 확실히 달라보인다. 오히려 중국의 현재 문화 정책들은 마치 소위 '제국주의의 시대(Age of Imperialism)'라고 하는 19세기와 20세기 초에 있었던 서구 제국주의에서 나타났던 경향과 매우 닮았다. 이러한 '제국주의의 시대'의 모습들은 현재 대영박물관(British Museum)이나 V&A 박물관(Victoria & Albert Museum)에서나 그 흔적을 찾아볼 수 있다.

문화제국주의 이론은 미국 하버드 대학 케네디 스쿨의 교수인 조셉 나이(Joseph S. Nye)의 한국어로는 '연성권력'이라 번역되고 있는 '소프트 파워(soft power)' 개념과도 연관되어 있다. 즉 현재의 미국 소프트 파워는 미국 문화제국주의의 동의어처럼 사용되고 있다. 나이의 이론에 의하면 한 국가가 행사하는 권력은 크게 하드 파워(hard power)와 소프트 파워 두 가지로 나누어 볼 수 있다고 한다. 여기서 소프트 파워는 군사력이나 경제제재 등 물리적으로 표현되는 힘인 하드 파워와는 달리 "강제력보다는 매력을 통해, 명령이 아닌 자발적 동의에 의해 얻어지는 능력(the ability to get what you want through 'attraction' rather than coercion or payments)"[2]을 말한다. 많은 지역에서의 저항에도 불구하고, 미국 문화는 영화, 대중음악, 컴퓨터 소프트웨어, 농구경기와 같은 다양하고도 매력적인 모습으로 학계와 대중

---

2 Joseph Nye, *Soft Power: The Means to Success in World Politics*, Public Affairs, NY, 2004, p.X.

매체를 통해 전 세계 차원에서 광범위하게 받아들여지고 지지를 받고 있다. 더 나아가 미국의 독립과 국가 건설 과정을 통해 만들어진 '독립선언문(Declaration of Independence)'이나 '미국 헌법(Constitution)'과 같은 데서 보이는 자유민주주의 전통은 미국의 중요한 소프트 파워라 할 수 있다.

한편 미국의 소프트 파워와는 달리 현재 중국의 소프트 파워는 매력을 얻는데 종종 실패하고 있는 것 같다. 이러한 사실은 오늘날 중국의 막강한 군사 경제적 위상과는 걸맞지 않은 모습이라 할 수 있다. 지난 십 수 년간 국제 사회에서 중국의 힘은 눈에 띄게 증가하였음은 주지의 사실이다. 2006년 이후 중국의 전 세계에서 최대 외환 보유국으로 등극하였고, 중국의 정책들은 전 세계 정제에 막대한 영향력을 지니고 있다. 아울러 최근 중국의 군사력에서의 증대는 동아시아에 엄청난 군사적 긴장감을 조성하고 있다. 많은 연구는 중국은 하드파워에서뿐만 아니라 소프트파워에서도 그 힘이 크게 증대되고 있음을 보고하고 있다.[3] 중국의 역사나 유학(儒學)과 같은 중국의 문화들은 아시아의 여러 국가는 물론 나아가 전 세계적으로 관심의 대상이 되고 있다. 예를 들어, 중국문화원이라 할 수 있는 공자학원(孔子學院, Confucius Institute of China)은 2004년 서울에서 처음 개관한 것을

---

3 예를 들면, Young Nam Cho, Jong Ho Jeong, 'China's Soft Power: Discussions, Resources, and Prospects', *Asian Survey*, Vol. 48, No. 3(May/June 2008), pp.453~472., James F. 'Paradise, China and International Harmony: The Role of Confucius Institutes in Bolstering Beijing's Soft Power', *Asian Survey*, Vol. 49, No. 4(July/August 2009), pp.647~669.

필두로 2012년 현재까지 전 세계에 250개의 공자학원이 건립되었다. 이러한 사실에도 불구하고 중국의 소프트 파워는 국제사회에서 매력적이라기보다는 인터넷 검열, 종교 탄압, 소수민족 정책, 인권문제 등등에서 살펴볼 수 있듯이 부정적 이미지가 여전히 지배적이라 할 수 있다. 일례로 미국의 여론조사기관인 퓨리서치센터(Pew Research Center)에서 2007년 조사한 보고서에 의하면 "중국의 이미지는 상당 수 나라들 사이에게서 빠르게 나빠지고 있다(The image of China has slipped significantly among the public of other major nations)"고 보고하고 있다.[4]

중국의 문화와 관련한 외교정책 역시 매력적이라기보다는 위협적으로 비추어지고 있다. 이러한 사실을 가장 잘 보여주는 대표적인 사례가 유네스코에서의 세계무형문화재 관련 사태일 것이다. 2009년 중국은 '유네스코 무형문화유산 대표목록(Representative List of the Intangible Cultural Heritage of Humanity)'에 무려 22가지의 문화재를 등재하였는데 이들 22가지의 무형문화재 가운데 9가지가 소수민족의 무형문화재이다. 중국은 이들 22가지의 문화재를 유네스코에 등재하면서 문화재에 대한 보존을 위한다는 점을 내세우고 있다.[5] 그러나 이러한 중국의 등재 행위는 곧바로 키르기스스탄(Kyrgyzstan), 몽골

---

4 *GLOBAL UNEASE WITH MAJOR WORLD POWERS*, 47-Nation Pew Global Attitudes Survey Wednesday, June 27, 2007, Washington, D.C. p.5.

5 http://www.mcprc.gov.cn/xxfb/xwzx/whxw/200910/t20091009_73774.html (Accessed Nov. 2011.)

그리고 한국과 북한과 같은 중국과 이웃하고 있는 나라들의 강력한 반발을 사고 있다. 이들 국가들과 문제가 되고 있는 중국이 등재한 문화재로는 키르기스스탄의 대서사시인 '마나스(Manas)', 몽골의 전통 노래 방식인 '후미(Khoomei)' 그리고 한국과 북한의 '농악(農樂)'이다. 이들 문화재들은 각각의 나라에서 국가의 정체성과 밀접한 관련이 있는 중요한 전통 공연예술들이다. 그러므로 이들 국가들은 중국의 이러한 행위를 자신들의 국가정체성에대한 중대한 도전으로 받아들이고 있으며 이들 국가들의 강력한 반발을 사고 있다. 이러한 점은 '국제화(globalization)'와 '교묘한(cunning)'[6] '문화적 영향력' 등을 그 특징으로 하는 현대 미국의 문화 제국주의와는 사뭇 구별이 된다고 할 수 있다.

그럼에도 불구하고 놀랍게도 이러한 사실에 대한 학계에서의 연구는 매우 소략한 편이다. 2009년 강릉에서 있었던 학회가 이러한 연구에 있어 유일한 사례라 할 수 있다. 이 학회는 벨기에, 체코, 프랑스, 한국, 몽골, 모로코, 카타르, 사우디아라비아, 스페인, 시리아, 아랍에미리트 등 11개국이 공동으로 등재한 '매사냥(Falconry as a Hunting Method)'이 해결책이라는 결론을 내리고 있다. 그러나 이 학회의 결론에서 알 수 있듯이 이러한 사태가 중국의 국내 및 국제 정치와 문화정책이 밀접하게 관련되어 있다는 사실은 이 학회의 관심 밖에

---

6 Pierre Bourdieu & LoöÈc Wacquant, 'On the Cunning of Imperialist Reason', *Theory, Culture & Society*, Vol. 16(1) London, Thousand Oaks and New Delhi. 1999. pp. 41~58.

있음을 지적하지 않을 수 없다. 이러한 사태는 우연히 벌어진 것이 아니며 중국의 대내외 정책과 밀접한 관련이 있다고 추정된다. 그러므로 유네스코에서 중국의 이러한 시책들을 조금만 면밀히 살펴보면 그 속에 담긴 중국 국내외 문제에 대한 중국 정부의 의도에 대해 어느 정도 파악해 볼 수 있을 것이다.

중국이 유네스코에 이들 문화재를 자국의 문화재로 등재할 때 이웃 국가들의 반발을 살 것이라는 점을 예상하였음에 의심의 여지가 없다. 이러한 예상되는 반발에도 불구하고 왜 중국은 '유네스코 무형문화유산 대표목록(Representative List of the Intangible Cultural Heritage of Humanity)'에 이들 문화재를 등재하였을까? 우리는 이 질문에 다음과 같은 3가지 관점에서 접근해 볼 수 있다: (1) 중국의 무형문화재 관련법을 조사하고, (2) 소수민족 관련 중국 민족학계를 살펴보고, (3) 중국의 이웃 국가들에게 문제가 되고 있는 이들 무형문화재에 대해 중국에서의 위치와 의미에 대해 알아보는 것이다. 우선 중국의 무형문화재 관련법 연구를 통해 무형문화재 특히 소수민족의 무형문화재 정책을 통한 중국 정부의 의도를 파악해 볼 수 있다. 또한 중국 민족학계의 역사와 상황을 살펴봄으로써 중국 학자들과 정부의 소수민족에 대한 자세를 확인할 수 있다. 또 중국의 소수민족 문화재의 변형 과정에 대해 조사하여 이를 통해 중국의 문화재 관련 정책의 문제점을 지적하고자 한다. 이러한 접근법을 통해 우리는 중국 제국의 전조를 예측해 볼 수 있을 것이다. 즉 이러한 연구를 통해 2009년 유네스코에서 있었던 '무형문화유산 대표목록'과 관련한 중국의 행위는 19세기 말과 20세기 초 소위 '제국주의의 시대'에 미국이나 영국 프랑스와 같은 서구 제국들에서 볼 수 있는 행위들이 그대로 재현되고 있음을 살펴볼 수 있다.

중국의 무형문화재 관련법

한국과 일본과 같은 나라에 비해 법률적 시각에서 보았을 때 중국에서 무형문화재에 대한 관심은 매우 최근의 일이라 할 수 있다. 2004년 중국이 '유네스코에 무형문화유산 보호 협약(Safeguarding of the Intangible Cultural Heritage)'에 가입한 것이 중국에서 무형문화재에 대한 관심을 가지게 된 결정적 계기가 된다. 그 다음해인 2005년 국무원 판공청(國務院辦公廳)의 지시로 중국에서 최초의 문화재 관련 법률인 '비물질문화유산 보호공작 강화에 관한 국무원판공청 의견(國務院辦公廳關于加强我國非物質文化遺産保護工作的意見)'이 제정되었다. 같은 해 중국은 연이어 '문화유산 보호 강화를 위한 국무원판공청 통지(國務院關于加强文化遺産保護的通知)'가 만들어져 시행되었다. 그리고 2011년 2월에 정식으로 '중화인민공화국 비물질문화유산법(中華人民共和國非物質文化遺産法)'이 제정되어 같은 해 시행되었다. 이상에서 알 수 있는 점은 중국의 무형문화재와 관련 법이 매우 최근에 만들어졌는데 이는 중국 정부가 문화재에 대해 아주 최근 들어 관심을 기울이기 시작하였다는 것과 같은 말이라 할 수 있다. 또한 중국 정부가 문화재에 대해 관심을 갖게 되자 급하게 관련법들을 제정하였음도 알 수 있다. 이는 다시 중국이 아직 문화재 관련된 행정적 학문적 경험의 축적이 비교적 일천하다는 것을 반증하는 것이라 하겠다.

　이들 문화재 관련법들을 살펴보면 문화재를 보호하려는 이유를 확실히 명기하고 있다. 이는 순수하게 문화재를 보호하는 차원을 넘어 정치적 의도가 뚜렷이 나타나 있다. 2005년에 제정된 '비물질문화유산 보호공작 강화에 관한 국무원판공청 의견'에 의거하여 중국의 지방정부는 각 지방의 문화재를 조사하기 시작하였다. 여기서 '비물질문화유산 보호공작 강화에 관한 국무원판공청 의견'에는 이 법이 '유네스코에 무형문화유산 보호 협약'에 의해 제정되었음을 명확히 보여주고 있다.[7] 본 연구에서 이 법에 주목할 점은 크게 두 가지이다. 첫째는 이 법에 명시되어 있듯이 중국 정부가 중국의 소수민족의 무형문화재에 대해 중요성을 강조하고 있다는 점이다.[8] 둘째는, 이 법에서 국가통일(國家統一)이나 정체성(身份), 주권(主權) 같은 단어들이 강조되어 있다는 점이다.[9] 이러한 정치적 용어는 한국이나 일본의 관련법에서는 이러한 용어들이 크게 강조되고 있지 않은 것을 상기하여 볼 때 이는 중국의 문화재법의 특징이라 할 수 있다. 위의 두 가지 사실을 종합하면 중국의 무형문화재 법은 국가통일이라는 정치적 사안을 위해 제정되었음을 알 수 있다.

7　"履行我國加入聯合國敎科文組織≪保護非物質文化遺産公約≫的義務"(No. 18 [2005] of the General Office of the State Council)

8　"我國各族人民在長期生産生活實踐中創造的丰富多彩的非物質文化遺産，是中華民族智慧与文明的結晶，是連結民族情感的紐帶和維系國家統一的基础。"(ibid)

9　"我國非物質文化遺産所蘊含的中華民族特有的精神价值、思維方式、想象力和文化意識，是維護我國文化身份和文化主權的基本依据。"(ibid)

한편, 연이어 제정된 '문화유산 보호 강화를 위한 국무원판공청 통지'는 위의 '의견'에 비해 좀 더 문화재에 대한 구체적인 사안을 담고 있어 그 내용에 있어 좀 더 진일보하였다고 할 수 있다. '통지'는 중국 법률에서 '의견'보다 더 상위의 법이다. 이 '통지'의 가장 핵심이 되는 사항은 무형문화재(중국어로는 비물질 문화유산 非物質文化遺産)[10]와 유형문화재(물질문화유산 物質文化遺産)[11]에 대한 구분과 각각의 정의를 내리고 있다는 것이다. 또한 이 '통지'를 통해 6월 둘째 주 토요일을 '문화유산의 날'로 지정하여 문화유산의 중요성을 강조하고 있다. 이 '통지' 역시 위의 '의견'에서 보이는 것과 같이 국가통일을 강조하고 있다. 더 나아가 이 '통지'에는 문화재를 보존하는 목적이 '사회주의 화해사회(社會主義和諧社會)'의 건설에 있음을 분명히 명시하고 있다. 이 용어는 중국공산당이 2004년 제출한 일종의 사회주의 발전전략 목표로 빈부격차 해소, 도농간 격차 해소, 서부 중국과 동부 해안 지역의 격차 해소 그리고 한족(漢族)과 소수민족의 격차를 해소하는 것을 그 골자로 하고 있다.[12] 이 용어는 주로 사회 경제적인 측면을 강조

---

10 物質文化遺産是具有歷史、藝術和科學价值的文物，包括古遺址、古墓葬、古建筑、石窟寺、石刻、壁畵、近代現代重要史迹及代表性建筑等不可移動文物，歷史上各時代的重要實物、藝術品、文獻、手稿、圖書資料等可移動文物；以及在建筑式樣、分布均匀或与环境景色結合方面具有突出普遍价值的歷史文化名城(街區、村鎭)。"(No. 42 [2005] of the General Office of the State Council)

11 非物質文化遺産是指各种以非物質形態存在的与群衆生活密切相關、世代相承的傳統文化表現形式，包括口頭傳統、傳統表演藝術、民俗活動和礼儀与節慶、有關自然界和宇宙的民間傳統知識和實踐、傳統手工藝技能等以及与上述傳統文化表現形式相關的文化空間。"(ibid)

하지만 문화적인 측면 역시 포함되어 있는 개념이다.[13] 유학의 정치
이념에 영향받은 이 개념은 중국의 현재 가장 중요한 정치 이념으로
이것은 외교정책에도 그대로 확장되는데 이를 '화해세계(和諧世界)'라
는 부른다.[14] 이러한 점을 고려해 볼 때 중국은 그들의 문화유산을
외교정책에 있어 소프트 파워로 사용하기 시작하였음을 시사한다.
이 '화해세계'는 확실히 현재 중국의 외교 가장 핵심 전략인 '중국화
평굴기(中國和平崛起)'와 밀접한 관련이 있다고 하겠다.

그러나 위의 법들은 중국의 문화재 관련법에 있어 예비 단계에
속한다. '의견'이나 '통지'는 중국법에서 중국어로는 부문규장(部門規
章)이라 부르고 있는데 이는 일종의 행정규범(行政規範)으로 헌법이나
법률에 비하여 하위 법에 속한다. 중국에서 무형문화재에 대한 법률
은 '중화인민공화국비물질문화유산법(中華人民共和國非物質文化遺産法)'
이라는 이름으로 2011년 2월 25일 제11회 전국인민대표대회(全國人民

---

12 保護文化遺産，保持民族文化的傳承，是連接民族情感紐帯、增進民族團結和
維護國家統一及社會穩定的重要文化基礎，也是維護世界文化多樣性和創造性，促
進人類共同發展的前提。加强文化遺産保護，是建設社會主義先進文化，貫徹落實
科學發展觀和构建社會主義和諧社會的必然要求。(ibid)
13 예를 들면, 중국공산당 상무위원인 리창춘(李長春)은 화해사회(和諧社會) 건설에 있
어 문화의 중요성을 크게 강조하고 있다. (7th March 2005, News of the Communist
Party of China: http://english.cpc.people.com.cn/65547/65571/4481018.html,
Accessed Nov. 2011.)
14 이 사항에 대해서 Yongnian Zheng과 Sow Keat Tok의 논문인 "Harmonious
Society' and 'Harmonious World': China's Policy Discourse under Hu Jintao',
Policy Paper Series 2007 - Issue 26. China Policy Institute in University of
Nottingham. 2007.에서 잘 논의하고 있다.

代表大會)¹⁵를 통해 제정되었으며 같은 해 6월 1일부터 시행되기 시작
하였다. 위의 법률이 제정되기 전까지 중국은 문화유산을 보호할 매
우 초보적인 법령 이외 밖에는 없었다고 할 수 있다. 이 법률의 세부
사항들은 한국의 문화재보호법과 매우 유사한데 그 이유는 중국이
따르고 있는 '유네스코에 무형문화유산 보호 협약(Safeguarding of the
Intangible Cultural Heritage)'이 한국의 문화재보호법을 많이 부분 참조
하였기 때문이다.¹⁶ 한국의 문화재보호법과 중국의 법률에서 차이는
중국의 경우 이에 대한 행정력을 지방 정부에 이양하는 것이라 하겠
다. 그러므로 지방정부의 관심과 재정상태에 따라 문화재 보존의 수
준이 달라 질 수 있음을 추정해 볼 수 있다. 본 연구에서 중요한 점은
이 법률에서도 위의 '의견'이나 '통지' 나타난 것과 같이 문화재 보호
에 대한 중국의 정치적 입장이 그대로 드러나 있다는 사실이다. 이러
한 사실은 다음의 조문(條文)에 잘 드러나 있다.

제4조: 비물질문화유산(즉 무형문화재)의 보호는 당연히 정통성
(진실성 眞實性), 정체성 그리고 계승성(전승성 傳承性)이 중요하
다. 이는 중화민족의 문화 일치를 강화하기 위함이며, 국가통

---

15 중국의 최고 국가 권력 기관.
16 Noriko Aikawa, 'The UNESCO Recommendation on the Safeguarding of
Traditional Culture and Folklore(1989): Actions Undertaken by UNESCO for Its
Implementation', *Safeguarding of Traditional Culture: A Global Assessment*.
UNESCO and Smithsonian Center for Folklife and Cultural Heritage. Edited by
Peter Seitel 2001, pp.15~16.

일과 민족 단결을 유지하고, 사회의 화해와 지속 가능한 발전을 위함이다.[17]

위의 법조문은 명확하게 중국 정부가 무형문화재를 보호하는 이유가 국가통일과 화해사회를 진작하기 위함임을 명확히 밝히고 있다. 여기서 '화해사회'라는 용어는 현재 중국 정부의 최우선 정책이며, 이러한 사실은 위에서 살펴본 바와 같이 앞선 문화재 관련법들인 '의견'이나 '통지'와 크게 다르지 않다. 이 법률에서 흥미로운 점은 이 법에 '민족의 단결'뿐 아니라 '중화민족의 문화 일치'와 '정체성'을 언급하고 있다는 사실이다. 이는 또 다른 말로 중국 정부는 무형문화재와 문화 정체성에 대해 충분히 인식하고 있음을 보여준다고 할 수 있다. 이러한 중국의 문화재 관련법은 문화재들을 통해 중국의 '국가통일'이라는 말로 대표되는 중화민족주의를 강화하는 데 도구로 사용되고 있다고 말할 수 있다.

중국의 민족학과 중국 소수민족

현재 중국에서 무형문화재 보존에 관련한 프로젝트를 조사하여보

---

17 第四條　保護非物質文化遺産，應当注重其眞實性、整体性和傳承性，有利于增强中華民族的文化認同，有利于維護國家統一和民族團結，有利于促進社會和諧和可持續發展。

면, 무려 95% 정도가 중국 소수민족과 관련이 있음을 알 수 있다.[18] 위에서 언급한 바와 같이, 2009년 유네스코에 등록된 중국의 22가지 무형문화재 가운데 9가지가 소수민족의 문화재이다. 이와 같은 사실은 중국의 인구 비율로 따져 보았을 때 중국이 소수민족의 문화재에 많은 관심을 기울이고 있다는 것을 보여준다. 이러한 배경에는 여러 이유가 있겠지만, 중국의 민속학 혹은 민족학계의 상황과도 무관하지 않은 것 같다.

중국의 민속학(민족학)계를 살펴보면, 1978년 개혁개방이 있기 전까지 중국 학자들은 소수민족에 대한 연구 이외에는 다른 연구 주제에 대한 선택이 매우 제한적이었음을 알 수 있다. 개방 이전 중국에서는 반혁명분자를 숙청하기 위한 진반(鎭反)운동, 삼반오반운동(三反五反運動), 숙반(肅反)운동과 같은 소위 문예정풍(文藝整風)으로 대표되는 일련의 사상 개조를 통해 중국의 지식인들은 그 연구주제와 방법에 있어 많은 제약을 받았다.[19] 이러한 문예정풍 사례들 중 1954년의 위핑보(俞平伯, 1900~1990)의 『홍루몽연구(紅樓夢研究)』에 대해 반동사상(反動思想)으로 몰아 비판하였던 사건이 대표적이라 할 것이다. 이는 이와 같은 연구가 마르크스주의 역사관의 입장에서 볼 때, 비판의 대상인 봉건주의에 대한 옹호로 받아들여졌기 때문이다. 즉 민중봉

---

18 云視網: http://news.yntv.cn/content/73/2010/06/13/2010-06-13_73_34811.shtml (Accessed Nov.2011.)

19 Theodore Chen, *Thought Reform of the Chinese Intellectuals*. Hong Kong University Press(Oxford University Press), Hong Kong. 1960 참조.

기나 농민반란과 같은 몇 가지 예외적인 경우를 제외하고 전통에 대한 연구는 거의 대부분 봉건주의에 대한 동경이나 지지로 지적받았기 때문에 중국의 학자들은 전통문화에 관한 연구에 있어 그 제한이 많았다. 이러한 양상은 중국의 문화대혁명(文化大革命, 1966~1976) 시기에 이르러 극에 달하였다. 이러한 상황은 중국의 민속학자(민족학자)들에게 대부분 소수민족에 관한 연구만이 허용하는 결과를 낳았다.

중국 민속학(민족학)계의 역사를 살펴보면 그 시작부터 중국의 정치사와 밀접한 관련이 있음을 알 수 있다. 중국 민속학은 1915년부터 1921년까지 있었던 문학운동의 일종인 백화문운동(白話文運動)에서 시작하였다고 할 수 있다. 백화문운동은 신문화운동(新文化運動)이라고도 부르는데 이 운동은 5·4운동과 직접 연결된다. 주지하듯이 5·4운동에는 민족주의의 성격이 뚜렷하게 나타나 있다. 이 백화문운동은 문어체에서 구어체인 백화문으로 새로운 문학을 창조하려던 운동을 말하는 것으로 이에 가담하였던 학자들의 일차적인 연구 관심사는 중국어와 중국 문학으로 당연히 이들 대부분은 한족(漢族) 출신이었다. 이들 학자는 그들의 연구 영역을 문학에서 출발하여 나중에 민속 연구에까지 확장하게 된다. 1916년부터 시작된 이러한 군벌들의 심각한 내전으로 촉발된 소위 '군벌혼전시대(軍閥混戰時代, 1916~1928)에 몇몇 중국의 민속학자들은 "천 리 떨어진 곳의 풍(風)이 다르고, 백 리 떨어진 곳의 속(俗)이 다르다(千里不同風 百里不同俗)"라는 기치 하에 소수 민족의 풍속에 대해 연구하기 시작하였다. 이러한 연구 중 가장 대표적인 사례는 1926년 샤먼대학교(廈門大學)에서 수행한 묘족(苗族)에 관한 연구였다. 이러한 연구들의 저의(底意)에는 '국가통일'

이라는 의도가 깔려있음은 주지의 사실이다.

　1930년대에 몇몇 유럽에서 유학하고 중국으로 돌아온 몇몇 학자들에 의해 본격적인 소수 민족에 관한 연구가 시작된다. 양성지(楊成志, 1902~1991)와 양곤(楊堃, 1901~1998) 같은 학자가 대표적이라 할 수 있는데 이들은 프랑스에서 민족학(Ethnology 民族學)을 연구하여 중국 민속(민족)학계에 새로운 연구 방법론을 제시하였다.[20] 이들이 제시한 새로운 연구 방법론이란 현장 연구의 중요성을 강조하는 것이다. 이는 앞서 살펴본 바와 같이 이들 이전의 중국 민속학자들의 대부분은 언어와 문학 연구에서 출발하여 문헌연구가 그 연구에 중심에 있어 기존 연구에서 나타나는 현장성의 결여를 비판하고 이를 극복하는 것을 새로 등장하는 민족학에 주된 과제로 삼았다. 이들이 제시한 민족학은 인종의 분포상태나 진화의 역사를 주제로 한 연구로 이 당시 유럽과 미국은 물론 프랑스의 민족학은 '원시' 혹은 '미개민족'의 역사와 분포를 연구하는 학문이었다. 이러한 연구의 배경에는 당시 크게 유행하고 있던 다윈의 진화론의 이론이 크게 작용하고 있는데 서구 문명에 수혜를 받지 못한 민족을 아직 충분히 발달하지 못한 사회로 보고 그 문화가 미분화 상태에 있기 때문에 종합적인 연구가 용이하다는 가정에 기초를 두고 있다. 이러한 연구 태도는 현장조사를 크게 강조하는 것으로 나타났는데 그 태도에 있어 19세기 말과

---

20 이 당시 프랑스 민족학에 대하여는 다음의 글을 참조하라. Susan Bayly, 'French Anthropology and the Durkheimians in Colonial Indochina', *Modern Asian Studies*, Vol. 34, No. 3(Jul., 2000), pp.581~622.

20세기 초에 걸쳐 나타나는 서구의 제국주의의 시각을 고스란히 담고 있다고 해도 과언이 아니다 하겠다.

또 한편으로 이러한 새로운 연구 방법론이 중국의 민족학(민속학)이 민족주의와 무관하다고 할 수는 없다. 오히려 잠시만 살펴보아도 이러한 연구 방법론은 중국의 민족주의를 강화하는 데 적극적으로 사용된 것을 알 수 있다. 이러한 사실은 양곤의 다음과 같은 글을 통해 잘 나타난다.

> "우리나라의 민속학(민족학)은 문화 연구와 사회 개조와 큰 관련이 있다. … 우리나라의 민족은 복잡하다. 그러므로 이들을 하나로 연합하기란 여간 어려운 것이 아니다. 오직 민속학(민족학)만이 각각의 문화의 이해를 통해 이들 사이의 간격을 이어줄 수 있다."[21]

위의 글에서 양곤은 중국 민족학의 목적을 분명히 밝히고 있는데 그것은 국가의 통합 즉 국가의 통일에 있다. 게다가 위에서 언급한 것처럼 이 당시 새로운 민족학자들은 대부분 그들의 연구 방법론을 제국주의적 방법론을 그대로 가져다가 소수민족 연구에 사용하고 있다. 양성지와 양곤이 적극적으로 도입한 민족학은 이러한 배경을 가지고 있다. 그러므로 이러한 제국주의적 시각은 이들 학자들의 중국

---

21 王文宝, 『中國民俗學發展史』, 遼宁大學出版社, 1987, p.118.

소수 민족 연구에 의식적 무의식적으로 포함되어 있는 것은 당연하다고 할 수 있다. 현재 중국의 민족학계는 여전히 이러한 연구 자세에서 크게 자유롭지 못하다. 이러한 사실은 이후 중국 민족학계에서 양성지와 양곤의 위치를 고려하면 그리 놀라운 일도 아니다.

1949년 중화인민공화국이 수립되면서 기존의 대부분의 민속학 연구는 봉건주의 전통과 인습(因襲), 그리고 미신에 대한 연구라는 명목하에 전면적으로 금지되었다. 그 결과 중국의 민속학은 민족학에 흡수된다. 이것은 중화인민공화국 수립 이후 중국의 대부분 학자들이 중국 소수민족의 풍습과 전통만을 연구 대상을 삼게 되었음을 의미한다. 물론 양성지의 연구 등 몇몇 예외적인 사례가 있기는 하지만, 1949년 이후 이러한 환경은 중국의 학자들을 민속학보다는 민족학에 매진하게 만들었다. 중국의 학자들이 다시 민속학에 관심을 가지게 된 시기 즉 민속학 연구가 본격적으로 허락되기 시작한 때는 1983년 5월 중국민속학회(CFS 中國民俗學會)가 설립된 이후로 볼 수 있다. 이와 같은 사실은 중국의 민속학 연구에 30년이 넘는 단절이 있었음을 단적으로 보여주는 사례라 할 수 있다. 이는 다시 말해 중국 민속학계에서 중국 전통에 대한 연구가 비교적 일천(日淺)함을 반증하는 것이며, 반면 민족학에서 소수민족 문화에 대한 연구는 상당하다는 것을 암시한다. 이러한 사실을 고려해 볼 때 중국 정부의 소수민족 문화에 대한 보존에 대한 큰 관심은 이러한 학계의 현실에서 비롯되었음도 상상해 볼 수 있다.

앞서 지적한 대로 중국 민족학에 있어서 양성지와 양곤의 위치는 중국 민속학(민족학)의 연구 자제를 가름해 볼 수 있는 지표가 된다.

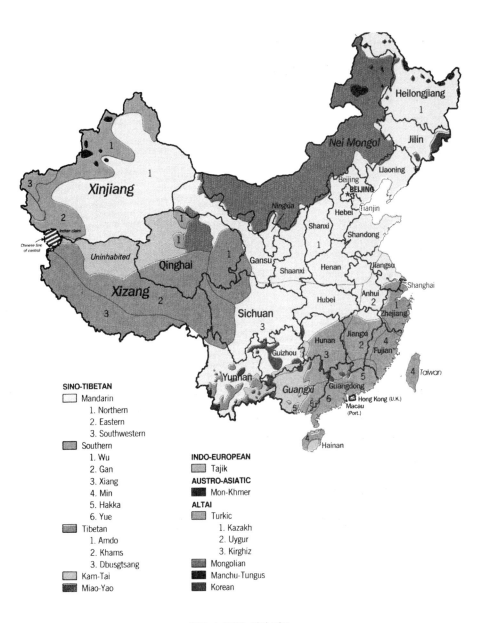

SINO-TIBETAN

☐ Mandarin
  1. Northern
  2. Eastern
  3. Southwestern

▨ Southern
  1. Wu
  2. Gan
  3. Xiang
  4. Min
  5. Hakka
  6. Yue

▨ Tibetan
  1. Amdo
  2. Khams
  3. Dbusgtsang

▨ Kam-Tai

■ Miao-Yao

INDO-EUROPEAN

▨ Tajik

AUSTRO-ASIATIC

■ Mon-Khmer

ALTAI

▨ Turkic
  1. Kazakh
  2. Uygur
  3. Kirghiz

▨ Mongolian

■ Manchu-Tungus

■ Korean

중국 소수민족 언어 지도

이는 중국민속학회(CFS 中國民俗學會)가 이들 두 학자가 중심이 되어 설립되었기 때문이다. 이와 같은 사실은 현재 중국 민속학(민족학)에 있어 초기 제국주의적인 시각이 여전히 유효함을 암시하는 사례라 할 수 있다. 소수민족에 대한 이러한 제국주의적인 시각과 자세는 중국에서 소수민족 연구로 가장 대표적인 곳 중 하나인 윈난민족박물관(云南民族博物館)과 그 바로 옆에 위치하고 있는 윈난민족촌(云南民族村)에서 찾아볼 수 있다. 윈난성 쿤밍(昆明)에 위치하고 있는 이 박물관은 이 지역이 중국에서 가장 다양한 소수민족들이 밀집되어 있는 곳이라는 특수성에서 소수민족에 관한 풍부한 자료들이 소장되어 있다는 점에서 중국 민족학 연구에서 가장 대표적인 지역이라 할 수 있다. 민족촌을 안내하고 있는 웹사이트나 책자들을 살펴보면, 이 민족촌에 25개의 소수민족들이 '잘 전시'되어 있다고 소개한다는 사실이다. 즉 이 민족촌에는 선별된 소수민족 출신 젊은이들이 전시되어 있으며 관광객들을 위해 이들 소수민족의 생활 풍습을 살펴볼 수 있음은 물론 춤이나 음악이 매일 공연되며, 이와 더불어 "흰코끼리 공연"이나 공룡의 섬과 같은 테마파크에서나 볼 수 있는 다양한 프로그램들이 준비되어 있다.[22]

놀라운 사실은 윈난성의 인구 중 67%을 차지하고 있는 한족(漢族)의 풍습과 이들의 마을은 이곳 민족촌에서 찾아볼 수 없다는 점이다. 그러나 이곳 민족촌에서 볼 수 있는 민족의 절대다수는 역시 한족인

---

22 Website of Yunnan Nationalities Village: www.ynmzc.cc(accessed Nov. 2011)

데 그들은 모두 관광객이라는 점에서 다른 소수민족들과는 차이가 있다고 하겠다. 당연히 한족 관광객들은 이곳에서 '이국적(exoticism)' 정서를 소비하고 있는 것이다. 이 민족촌 덕분에 본래 소수민족들이 사는 진짜 마을들은 더 이상 진짜가 아니다. 이 복제된 마을은 디즈니랜드와 같은 테마파크에서 볼 수 있는 것과 같이 진짜를 대신하고 있는 것이다. 즉 이 복제된 마을은 진짜 소수민족의 마을들보다 한족 관광객들을 위해 '잘 전시'되어 있는 덕분에 더 '이국적'이다. 이 민족촌은 "전시와 공연, 교육 그리고 지배의 기능이 특출하게 잘 결합된 장소"[23]인 것이다.

이러한 특징을 가지고 있는 위난민족촌은 19세기 말과 20세기 초에 서구에서 크게 유행하였던 '인간 동물원(Human Zoos)'을 연상하게 한다. 이 인간 동물원은 사람을 대중에 전시하는 것으로 당시 서구에서 서구 문명과 다른 문화의 문화적 차이를 특히 강조하데 그 주안점이 있었다. 대표적인 예는 북미 원주민들을 전시하였던 1893년 미국의 시카고 세계박람회(World's Columbian Exposition in Chicago)과 북미 원주민은 물론 필리핀 원주민들을 전시한 1904년 세인트루이스 세계박람회(Saint Louis World's Fair 공식 명칭은 Louisiana Purchase Exposition)가 꼽힌다. 재미있는 사실은 이러한 '인간 동물원'이 유행할 당시 미국은 국제 외교 정책에 있어 중요한 변환기를 맞이하고 있었다는 점이다. 이 당시 미국은 고립주의 정책인 먼로주의(Monroe Doctrine)를

---

23 Edited by Pascal Blanchard, *Human zoos: science and spectacle in the age of colonial empires*, Liverpool University Press, Liverpool. 2008. p.1.

1893년 미국의 시카고 세계박람회에서 북미 원주민

버리고 소위 '루즈벨트 추론(Roosevelt Corollary)'[24]이라 불리는 제국주의적 요소가 강하게 배어있는 팽창정책을 추진하는 때였다. 즉 이들 세계박람회는 미국에 의해 일방적으로 주도되는 세계 평화질서를 구축하려는 팍스 아메리카나라(Pax Americana)의 서막을 알리는 신호탄으로 간주된다. 여기서 '인간 동물원'을 탄생시키는데 가장 크게 일조한 학문이 바로 민족학(ethnology)이다. 원난민족촌은 이러한 배경에서 초기 서구 제국주의의 모습을 그대로 다시 재현한 것처럼 보인다. 즉 현재 중국의 민속학(민족학)에는 초기 서구 제국주의의 그림자가

---

24 카리브 해안과 중미에서의 미국의 군사적 외교적 간섭과 행동을 정당화하는 정책.

아직도 드리워져 있으며 이러한 태도가 중국 정부의 소수민족 문화재를 대하는 태도에도 그대로 스며들어 있음을 암시한다 하겠다.

중국 전통 공연예술의 변형과 제국주의

한편, 중국 전통 공연예술은 사회주의 이념에 맞게 변형되었다. 이렇게 변형된 공연 예술들은 대부분 정치선전(propaganda)에 적극적으로 활용되었는데 그 대표적인 예가 중국의 전통춤인 양거(秧歌)이다. 이 춤은 본래 화북지방에서 전해오는 모내기 춤이었는데, 마오쩌둥(毛澤東, 1893~1976)이 분파 투쟁을 종료시키고 당의 지도권을 획득한 시기인 옌안 시대(延安時代, 1936~1937)에 중국 공산당이 이 춤을 정치적인 선전도구로 사용하기 시작하였다. 1950년대 이 춤은 다시 소련 붉은 군대 가무단(Soviet Red Army Song and Dance Ensemble)[25]의 영향을 받아 무대화 하였다.[26] 이때 이 춤은 소위 '과학적 접근법(scientific approach)'이라는 명목 하에 많은 부분에서 변형이 이루어지게 되었다. 이 춤은 이후 정치적 상투성으로 인해 대중에 인기를 잃게 되었다. 이러한 변형의 중심에는 당연히 '과학적'의 또 다른 표현인 서구

---

25 현재는 알릭산드로프 앙상블(Alexandrov Ensemble)로 불린다.

26 For more information of the deformation of Yangge, refer to Chang-tai Hung, 'The Dance of Revolution: *Yangge* in Beijing in the Early 1950s'. *The China Quarterly*, No. 181(Mar., 2005), pp.82~99.

화(Westernization)가 자리 잡고 있으며 본래 이 춤이 가지고 있던 전통
성과는 큰 차이가 있다.

소수민족에 대한 중국의 민족학에서의 많은 연구가 소수민족 무형
문화재의 고유성을 보장하는 것은 아니다. 즉 소수민족의 전통 공연
예술들도 서구화에 있어 예외가 될 수는 없었다. 이러한 사실을 알
수 있는 것으로는 중앙민족가무단(中央民族歌舞團)의 사례를 들 수 있
다. 이 가무단은 1952년 설립되었는데 이 가무단의 설립 목적은 "소수
민족의 예술과 문화를 보존, 발전 개발하고 전 세계와 문화 교류를
통한 우호를 다지는 것"이다.[27] 그러나 이 가무단의 주요레퍼토리 대
부분은 소위 "과학적 접근법"에 의해 변형이 이루어졌다. 이러한 변형
에 있어 가장 핵심이 되는 사항은 이들 공연이 대부분 특정한 극장
형태인 정면 액자(proscenium) 무대에 맞게 고쳐졌다는 것이다. 이 정
면 액자형 무대는 중국 대부분의 소수민족 전통 무대와는 큰 차이가
있다. 이러한 무대는 이들 전통춤의 동작에 앞과 뒤를 구분하는 새로
운 기준을 강요하였다. 즉 이러한 새로운 기준은 소수민족의 춤을
무대 춤으로 전환하도록 강제하였다. 이들 춤은 극장의 관객들에게
호소력을 가질 수는 있어도 마치 정면 액자형 무대가 관객과 무대
사이를 갈라놓듯이 본래 이 춤이 속하여 있던 각각의 민족들 공동체
와는 무관하게 되는 결과를 초래하였다. 중앙민족가무단의 춤 스타일
은 소수민족의 춤에 기준이 되어 엄청난 영향을 미치게 되었다.

---

27 http://english.cri.cn/6666/2010/02/10/1321s549485.htm(assessed Nov. 2011.)

유네스코의 무형문화재에 대한 정의에 따르면, 무형문화재는 살아있는 문화재(living cultures)로 그 환경에 따라 변형이 가능하다. 그러므로 유네스코에서 바라보는 무형문화재에 대한 입장은 이들 무형문화재를 끊임없이 진화하는 것을 그 특징으로 보아 '고유성(혹은 정통성, authenticity)'에 대한 개념을 적용하고 있지 않는다.[28] 이러한 유네스코 적 관점에서 보면, 중국 소수민족의 전통춤의 변형은 얼마든지 가능하다 하겠다. 유네스코는 이러한 점과 관련하여 무형문화재에 대해 다음과 같이 정의하고 있다.

> … 세대 간 전승되는 이러한 무형문화유산은 공동체 및 집단이 환경에 대응하고 자연 및 역사와 상호작용하면서 끊임없이 재창조되고 이들이 정체성 및 계속성을 갖도록 함으로써 문화적 다양성과 인류의 창조성에 대한 존중을 증진한다 (Article 2-Definitions, 1 in Convention for the Safeguarding of the Intangible Cultural Heritage 2003).[29]

---

[28] Aikawa-Faure Noriko, 'UNESCO Convention for the Safeguarding of the Intangible Cultural Heritage - from its Adoption to the First Meeting of the Intergovernmental Committee'. 第30回文化財の保存・修復に關する國際研究集會報告書. 東京文化財研究所 無形文化遺産部, 2008, p.17.

[29] This intangible cultural heritage, transmitted from generation to generation, is constantly recreated by communities and groups in response to their environment, their interaction with nature and their history, and provides them with a sense of identity and continuity, thus promoting respect for cultural diversity and human creativity.

그러나, 본 연구에서 중요한 점은 이러한 중국의 전통에서 변형된 무형문화재들이 본래의 공동체와 '상호작용'을 하지 못한다는 사실이다. 다시 말해 이들 전통춤이 본래 각각의 소수민족의 정체성과 공동체의 단결을 진작하는 역할을 하고 있었으나, 이들 변형된 작품들은 극장에 맞게 변화하여 더 이상 공동체와 관련이 없는 것이 되어가고 있다. 그러므로 이러한 작품들은 소수민족 공동체의 정체성을 위한 다기보다는 앞서 중국의 문화재 관련법들이나 민족학(民族學)계에서 보이는 대내적으로 중국의 '국가 통일'이라는 정치이념에 봉사하고 있다고 할 수 있다. 아울러 이러한 이국적인 무형문화재들은 중앙민족가무단의 설립 목적에 알 수 있듯이 대외적으로는 중국의 외교정책인 '중국화평굴기(中國和平崛起)'의 선전 도구로 사용되고 있다.

이러한 소수민족 공동체와 무형문화재간의 '상호작용'의 단절을 보여주는 대표적인 사례는 중국이 2009년 유네스코에 등재한 조선족의 농악(農樂)을 꼽을 수 있다. 중국이 제시한 조선족 농악은 그 형태나 공연양식이 한국의 '사물놀이'와 똑같다. 한국의 사물놀이는 주지하듯이 1978년 2월 공간사랑에서 김영배, 최종실, 이광수, 김덕수 네 사람에 의해 처음 그 모습을 선보인 창작물로 그 배경에는 한국의 농악을 참조한 작품이다. 이 작품은 각각의 농어촌의 열린 공간에서 공연되던 농악을 극장화한 것이다. 이 사물놀이의 가장 큰 특징은 한국 각 지역의 농악에서 각각의 고유한 리듬을 선별하여 새롭게 재구성한 것이다. 그러므로 많은 부분에 있어 춤을 생략하고 음악과 리듬에 좀 더 집중하는 경향을 보인다. 사물놀이는 그러므로 각 지역의 공동체와 '상호작용'을 목적하는 것이 아니라 현존하는 농악을 예술화하는데 주안점을 두고 있다는 사실이다. 그러므로 이 작품은 한국의 농악에 뿌리를 두지만 무형문화재와는 차이가 있다고 하겠다.

그러나 중국이 등재한 조선족의 농악(農樂)에서는 한국 사물놀이의 특징이 그대로 드러나고 있는데, 이는 중국 정부가 조선족의 농악과 한국의 사물놀이를 전혀 구별하지 못한다는 사실을 반증하는 것이다. 오히려 중국 정부의 입장에서 아마도 조선족이 가지고 있었던 농악보다는 한국의 극장화와 예술화 그리고 현대화된 사물놀이가 더구미에 맞았다는 것을 보여준다. 이러한 점은 위에서 살펴본 중앙민족가무단의 사례에서 잘 드러나고 있다. 또 한편으로 조선족 농악에 관한 연구로 중국이 무형문화재에 관한 법을 제정하기 시작하는 2004년 이전까지 중국에서 단 한편의 연구 논문만 존재한다. 조선족 학자인 송미라(1994: 32~34)[30]의 3페이지짜리 논문이 그것인데 이러한 사실은 중국에서 조선족의 농악에 대한 연구가 매우 빈약하였음을 보여주는 단적인 예라 하겠다. 이것은 다시 중국이 유네스코의 기준에 맞추기 위해 조선족 농악을 급조하였음을 추정해 볼 수 있다.

한편으로 이와 같은 등재 이전에 몇몇 조선족 음악가들이 정기적으로 한국의 국립국악원을 방문하여 사물놀이를 연수하였다는 것을 상기하고 싶다. 또 많은 한국의 음악가들 예를 들어 지운하, 장현진, 안선우와 같은 이들이 정기적으로 중국을 방문하여 조선족들에게 사물놀이를 전수하였다.[31] 이는 다시 중국이 유네스코에 등재 조선족

---

30 송미라, 「조선 농악이 중국에서의 전파와 발전」, 『예술세계』, 연변문학예술계연합회, 1994, pp.32~34.

농악이 본래의 것이 아니라 한국에서 창작된 '사물놀이'임을 증명하는 것이다. 이러한 사례는 조선족의 농악에서만 나타나는 것이 아니라 역시 중국이 유네스코에 무형문화재로 등재한 몽골의 전통 노래 방식인 '후미(Khoomei)'에서도 유사한 문제점을 보이고 있다. 몽골에서 '후미(Khoomei)'의 대가 중 한 사람인 어드수렌(Odsuren Baatar)는 중국에 내몽골 지역을 방문하여 중국인 제자들을 가르쳤는데 어드수렌에게서 전수받은 '후미'를 2009년 중국이 유네스코에 무형문화재로 등재하였다. 어드수렌은 이러한 사태에 대해 큰 충격을 받았다고 증언한다.[32]

그러므로 유네스코에 등재된 조선족의 농악은 여러모로 문제점이 많다. 우선 현재 등재된 조선족의 농악은 조선족 사회와 상호작용에 의해 발전한 것이 아니라는 문제점이 있다. 게다가 중국이 제시한 조선족 농악은 사물놀이인데 이것은 농악과는 달리 극장예술로 한국에서 창작된 작품이라는 점이다. 만일 사물놀이가 중국의 것이라는 논리를 인정하면 결국에 현대 한국에서 창작된 모든 예술은 중국의 것이라는 말과 같게 된다. 결국 이것은 한국의 주권과도 연관이 되는 문제가 된다. 앞서 중국의 무형문화재 관련 법률들에서 살펴본 바와 같이 중국은 무형문화재와 주권이 밀접하게 연관되어 있음을 충분히 인식하고 있다. 이런 점에서 이러한 중국의 유네스코에서의 무형문

---

31 http://bz.dbw.cn/2008-07-10/00059051.htm(assessed Nov. 2011.)
32 http://community.seattletimes.nwsource.com/mobile/?type=story&id=2015896486&st_app=ip_news_lite&st_ver=1.2%3C%2Fp%3E%3Cp%3E(assessed Nov. 2011.)

화재 등재는 중국의 제국주의를 바로 드러내는 것이라 하겠다. 그러나 중국의 문화 제국주의는 현재 미국이 보여주고 있는 '교활한' 문화 제국주의라기보다는 '제국주의의 시대'에서나 볼 수 있었던 노골적인 제국주의라 말할 수 있다.

중국이 역시 2009년 유네스코에 등재한 키르기스스탄의 서사시인 '마나스(Manas)'의 경우를 보면 이러한 중국의 문화 제국주의를 좀 더 명확하게 살펴볼 수 있다. '마나

키르기스스탄의 영웅 마나스 상

스'라는 제목은 이 서사시에 등장하는 주인공의 이름에서 유래한다. 마나스는 키르기스스탄 사람들의 국가 영웅으로 이 서사시는 키르기스스탄 사람들이 중국과 싸우는 것이 그 내용이다.[33] 게다가 키르기스스탄 유네스코 사무국에 따르면 이 서사시가 등재될 때 중국에서는 키르기스스탄과 어떠한 협의도 없었다고 한다.[34] 여기서 우리는 이러한 내용을 가진 서사시가 어떻게 중국에 의해 유네스코 세계문

33 ibid.

34 Central Asia Online: 28, Oct. 2009.
http://centralasiaonline.com/en_GB/articles/caii/features/entertainment/2010/02/20/feature-02(assessed Nov. 2011.)

빅토리아 알버트 박물관에
소장된 티푸의 호랑이

화유산에 등재가 되었는지 묻지 않을 수 없다.

놀랍게도, 이러한 사례들은 '제국주의의 시대'와 관련한 유물들에서 심심치 않게 발견할 수 있다. 일례로 영국의 빅토리아 알버트 박물관(Victoria and Albert Museum)에 소장되어 있는 '티푸의 호랑이(Tipu's Tiger)'가 그것이다. '티푸의 호랑이'는 1795년 미소어(Mysore)에서 만든 기계 오르간으로 호랑이 한 마리가 영국 동인도회사의 병사에게 으르렁거리는 모습을 하고 있는데 빅토리아 알버트 박물관이 자랑하는 인기 20대 아이템 중 하나이다.[35] 이 오르간(조각상)은 영국이 남인도의 마이소르(Mysore) 왕국과 4차례에 걸쳐 30년 동안 벌어진 전쟁 때 만들어진 것으로 이 전쟁의 결과 마이소르 왕국의 왕은 살해당하

35 V&A Website: http://www.vandashop.com/product.php?xProd=4353&s=1
(accessed Nov. 2011.)

고 왕국은 영국의 통치를 받게 된다. 이 전쟁 당시 마이소르 왕국의 왕이었던 티푸 술탄(Tipu sultan)은 인도를 지배하였던 영국의 동인도회사를 증오했고, 그러한 심정을 이 정교한 악기에 반영하였다. 이 악기에서 보이는 영국 병사 위에 올라타 위협하는 호랑이는 술탄 자신 혹은 인도의 정신을 상징하는 것이었다. 그러나 영국이 마이소르 왕국을 점령하면서 이 악기는 영국으로 옮겨져 대영제국의 영광을 상징하고 영국 식민지에 대한 지배를 정당화하는 데 사용된다.[36] 이러한 제국주의 시대 영국의 사례는 중국의 유네스코에서의 소수민족 관련 무형문화재 등록과 매우 유사하다. 그러므로 중국은 키르기스스탄의 대서사시인 마나스의 등재를 통해 신장(新疆) 지역의 지배를 상징적으로 정당화하는데 사용된다고 볼 수 있다. 즉 중국의 문화재 관련 법률에서 강조하는 소위 '국가통일'에 이바지하고 나아가서는 '화해세계'의 도구로 적극 활용되고 있는 것이다.

이러한 현상은 중국이 역시 유네스코에 무형문화재로 등재한 티베트의 게사르(Gesar) 서사시이다. 이 서사시는 티베트인들이 집단적으로 창작한 영웅 서사시로 고대 장족사회의 백과전서로의 가치를 지닌 것으로 평가되고 있다. 이 서사시는 중국 정부의 커다란 중요 관심 속에 중국의 10여 개 대학과 학술기구에서 많은 학자는 이 서사시에 대한 연구를 진행 중이다. 가장 대표적인 연구로는 1985년 간행된 『게사르왕 완본(格薩爾王全傳)』을 들 수 있다. 이 연구의 서문에는

---

36 Davis, Richard. *Lives of Indian Images*. American Council of Learned Societies. Princeton University Press. 1999. pp.150~157.

다음과 같은 내용이 수록되어 있다.

> 역사적 이유로 인해, 많은 중국인이 중국의 서사시에 대해 잘
> 알 지 못하고 있다. 현재까지도 아주 소수의 사람들이 게사르
> 서사시에 대해 알 뿐이다. 많은 사람은 이 서사시에 대한 기초
> 적인 지식도 가지고 있지 못하다. 그러므로 본 연구는 이 서사
> 시를 널리 알리는 데 그 목적이 있다. 이것은 국내외 문화 교류
> 를 진작할 수 있을 뿐만 아니라 국가의 자긍심(自尊心)과 자부
> 심(自豪感)을 고취시키는데 크게 일조 할 것이다.[37]

위의 글은 소수민족 무형문화재 연구의 목적이 무엇인지 정확하
게 보여준다. 소수민족 무형문화재는 국가의 자긍심과 자부심을 고
취하고 애국심을 고취하는 것으로 앞서 살펴본 문화재 관련 법률에
나타나는 것과 다르지 않다. 이는 '사회주의화해사회'라는 이름하에
중국의 티베트 지배가 정당화되며, 다시 말해 중국의 무형문화재들
은 국가통일의 도구로 사용되고 있는 것이다.

이러한 태도는 바로 지난 2008년 베이징 올림픽에서 보여주었던
소수민족 어린이들의 공연과 관련한 해프닝에서 단적으로 나타난다.

---

[37] 但是，由于歷史的原因，我們有許多同志，對我國自己的史詩了解太少，研究
太差。不少同志對《格薩爾》這樣舉世聞名的偉大史詩，還十分陌生，甚至缺乏基
本的知識。因此，有必要加强這方面的宣傳工作，這對于促進國內外文化交流，增
强民族自尊心和自豪感，提高愛國主義情懷，都是一件十分有意義的事情。降邊嘉
措，吳偉編，『格薩爾王全傳』五洲傳播出版社，北京，2006.

영국 신문인 텔레그래프(Telegraph)에 따르면 중국의 56개 소수민족을 대표한 이들 56명의 어린이가 모두 한족(漢族)이라는 사실을 보도하고 있다.[38] 이러한 '가짜 소수민족 어린이 해프닝'은 중국의 소수민족 문화 보존이 소수민족을 위한다기보다는 '사회주의화해사회'를 전 세계에 광고하는 정치선전 도구로 적극 사용되고 있다는 사실을 보여주는 것이다.

사실 위의 질문에 대해 중국은 흥미로운 개념을 개발하였다. '중화민족(中華民族)'이 바로 그 개념인데 현재 중국 정부는 중화인민공화국의 경내에 사는 한족을 포함한 56개의 모든 민족을 '중화민족'이라는 개념으로 아우르고 있다. 이것은 몽골인, 키르기스스탄인은 물론 조선족을 아우르는 개념이다. 55개의 소수민족의 조상과 그들의 역사적 성취도 중화민족의 성취라고 규정하여 이런 개념을 통해 몽골인으로 중국을 정복하였던 칭기스칸(1162?~1227)까지도 중국 통일을 이룩한 영웅으로 탈바꿈하게 된다. 이러한 논리에 의하면 몽골은 물론 키르기스스탄과 북한과 한국까지도 중국이 되찾아야 하는 지역이 된다. 왜냐하면 이들은 모두 '중화민족'이기 때문이다. 그렇다면 중국이 무형문화재를 통해 줄곧 강조하고 있는 '국가 통일'이라는 개념은 미국이 고립주의 정책인 먼로주의(Monroe Doctrine)를 확대 해석하여 사용한 '루즈벨트 추론(Roosevelt Corollary)'과 유사하게 전개될 가

---

38 http://www.telegraph.co.uk/sport/olympics/2561979/Beijing-Olympics-Ethnic-children-exposed-as-fakes-in-opening-ceremony.html(assessed Nov. 2011.)

능성이 충분하다. 그러므로 중국의 '국가 통일'이라는 개념은 곧 중국의 팽창주의로 나아가는 시발점이 될 수 있다.

결론

중국의 유네스코에서 유형문화재의 등재에는 제국주의적 팽창주의가 잠재하여 있다. 특히 현재 중국의 주변국에 대한 태도는 19세기 말과 20세기 초 세계박람회 등을 개최하며 미국이 팽창주의를 선택하기 시작한 때를 연상하게 한다. 특히 이 당시의 미국이 필리핀 원주민이나 미국 원주민을 대하는 태도와 현재 중국의 소수민족에 대한 태도는 윈난민족촌 같은 곳에서 살펴볼 수 있듯이 상당히 닮은 데가 많이 있다. 또 중국의 이러한 유네스코에서의 행태는 주변국과 문화주권이라는 측면에서 상당한 갈등을 유발하고 있다. 이러한 일련의 행태는 미국이 그러했던 것처럼, 중국 제국주의의 시작을 알리는 하나의 조짐은 아닐까?

물론 중국과 미국은 그 내용적인 면에서 분명 차이가 있다. 주지하듯이 미국은 중국에 비해 상대적으로 매우 짧은 역사를 가지고 있다. 그럼에도 미국은 '모든 인간의 평등', 삶, 자유 그리고 행복 추구'라는 구체제에서는 볼 수 없었던 매력적인 가치들로 그들의 소프트 파워를 포장하고 있다. 한편 중국은 세계에서 가장 오랜 역사를 지닌 나라 중의 하나로 그들의 전통을 그들의 소프트 파워로 사용하기 시작하였다. 그러나 중국의 소프트 파워에 있어 이론과 실제에는 큰 간격이 발생하곤 하는데 예를 들어 2011년 1월 21일 천안문 광장에 거대한 공자(孔子)의 조각상이 등장하였는데 100일 후 이 조각상은 철거되었다. 이러한 사태는 중국의 전통의 가치에 대한 혼란을 직접적으로 보여주는 예라 하겠다.

중국의 유네스코 무형문화재 등재를 통해 드러난 주변국들과의 갈등 같은 사례는 중국의 소프트 파워가 현재까지 주변국들에게 매력적이거나 세련된 것이 아닌 위협적이고 노골적이며 뻔뻔한 것으로 비추어지고 있는 것 같다. 물론 이러한 배경에는 중국 민속학(민족학) 계의 사정도 작용하였을 것이다. 중국의 민속학(민족학)은 중국 현대사 굴곡으로 인해 지금까지도 그 연구에 있어 '제국주의 시대'의 방법론과 가치를 크게 비판 없이 적용하고 있는 것 같다. 또 중국의 소수민족 무형문화재는 1950년대 소련(蘇聯)의 영향과 과학적 방법론으로 인해 많은 부분 변형되었는데 이러한 변형은 문화재와 공동체 사이의 상호작용을 가로막는 역할을 하고 있으며 공동체와의 단절을 가져오고 있다. 한편 무형문화재 관련 법률 제정에서도 알 수 있듯이 무형문화재에 대한 중국 정부의 관심은 매우 최근의 일이다. 이러한 사실은 중국이 무형문화재 보존에 대한 경험과 지식이 상대적으로 소략함을 암시한다. 그럼에도 불구하고 중국은 유네스코에서의 무형문화재 등재가 중국인민의 문화 우월성을 나타내는데 매우 유용하다는 것을 인식하고 있는 것 같다. 이러한 사실은 중국의 문화재 관련 법률에서도 잘 나타나 있다. 중국 소수민족의 무형문화재 보존과 유네스코의 이들 문화재의 등재하는 것은 이들의 문화가 중국의 전통임을 강조하는 한편 소수민족의 전통을 배려하고 있다는 것을 국제

사회에 선보이기 위함이라 할 수 있다. 다른 말로 '국가통일'을 기초로 한 '화해사회(和諧社會)'를 선전하는데 이들 무형문화재는 사용되고 있는 것이다.

결론적으로 현재 중국이 왜 국가통일을 강조하고 있는지 물어볼 필요가 있다. 이러한 것은 현재 중국이 내몽골 지역이나 티베트 드리고 위구르 지역에서 민족적 갈등이 점차 심해지는 것과 관련이 있는 것 같다. 이러한 점을 고려하면 현재 중국은 예전에 소련(蘇聯)이 민족적 갈등에 의해 여러 국가로 분열되었듯이 중국도 그렇게 될 가능성을 염두하고 이를 미연이 방지하고자 하는 두려움 때문은 아닐까 생각한다. 아울러 '화해세계(和諧世界)'라는 정치적 구호는 결국 이들 무형문화재를 빌미로 중국의 문화적 영토를 그 이웃 국가까지 확장하려는 의도를 담고 있다고 하겠다. 중국은 유네스코의 등재와 같은 행위가 '국가통일'과 중국의 힘을 대외적으로 팽창하려는 이중적 목적을 가지고 있음을 추정해 볼 수 있다. 그런데 이러한 문화적 이슈를 가지고 대외적으로 팽창하려는 시도가 아직까지 동남아시아 지역까지는 이르지는 못하고 있는 것 같다. 그러나 정치적, 경제적, 역사문화적인 견지에서 보았을 때, 다른 지역보다도 동남아시아 지역은 여러 가지로 중국과 엮여 있어 앞으로 중국의 주요 팽창 지역이 될 가능성이 높다.

조셉 나이(Joseph S. Nye)가 지적하였듯이 하드파워와 소프트파워는 서로 밀접한 관련이 있다. 이런 맥락에서 중국의 유네스코의 무형문화재 등재 사태는 중국 제국의 전조라 볼 수 있다. 그러나 이러한 '무형적 팽창'은 그 이웃 국가들에게 지지를 받아내고 있지 못하다.

중국은 2003년 '화평굴기(和平崛起)'라는 정치 슬로건으로 이웃 국가들과 우호 협력할 것을 강조하였다. 원론적으로 현명한 외교정책은 적대감을 낮추는 데 있으며 그러므로 중국은 소프트 파워를 통해 이들 국가들의 호감을 얻어야 함에도 중국의 최근 유네스코에서의 소프트파워는 이러한 이웃 국가들과의 관계에 오히려 심각한 타격을 주고 있다. 공자는 『논어(論語)』에서 "덕이 있으면 따르는 사람이 있으므로 외롭지 않다(德不孤 必有隣)"고 하였다. 그러나 현재 중국의 전통적 가치의 혼란 때문인지 중국이 이러한 공자의 사상을 충분히 이해하고 있는지 의문이 들게 한다.

저자 서정록

주된 연구 주제는 동아시아 춤에 관한 문화, 역사, 철학이다. 특히 동아시아 여러 나라
의 춤 간에 교류와 전승의 역사에 관심을 가지고 있다. 2010년 런던대학교(University
of London), 아시아 아프리카 연구 대학(School of Oriental and African Studies)에
서 동아시아 고대 춤의 역사와 교류에 대한 주제로 박사학위를 취득하였다. 2011년부
터 2013년 3월까지 동 대학에서 연구원으로 재직하였다. 2012년에서 2013년 국립대만
대학교에서 초빙교수로 있었으며, 현재는 태국의 마히돌 대학교(Mahidol University)
국제대학에서 동아시아 문화와 역사를 강의하고 있다.

춤 문화로 본 태국

2016년 3월 31일 초판 1쇄 펴냄

지은이 서정록
펴낸이 김흥국
펴낸곳 도서출판 보고사

책임편집 황효은
표지디자인 손정자

등록 1990년 12월 13일 제6-0429호
주소 경기도 파주시 회동길 337-15 보고사 2층
전화 031-955-9797(대표), 02-922-5120~1(편집), 02-922-2246(영업)
팩스 02-922-6990
메일 kanapub3@naver.com / bogosabooks@naver.com
http://www.bogosabooks.co.kr

ISBN 979-11-5516-537-9 03680
ⓒ 서정록, 2016

정가 12,000원

이 도서의 국립중앙도서관 출판예정도서목록(CIP)은 서지정보유통지원시스템 홈페이지
(http://seoji.nl.go.kr)와 국가자료공동목록시스템(http://www.nl.go.kr/kolisnet)에서
이용하실 수 있습니다.(CIP제어번호: CIP2016007328)